AF674929

पंचामृत

(साझा लघुकथा संग्रह)

नवनीत कुमार शुक्ल

(संपादक)

PRACHI
DIGITAL PUBLICATION

Title : Panchamrit

Editor : Navneet Kumar Shukl

Edition : First (January, 2025)

ISBN : 9789348332608

Copyright © 2024, All Rights Reserved by Author

Published by

PRACHI
DIGITAL PUBLICATION

Regd. Add.: 254, Khuriyakhatta No. 10, Bindukhatta,
Lalkuan, Nainital - 262402, Uttarakhand, India
Website : www.prachidigital.com
E-mail : info@prachidigital.in
Phone : +91 976041 7980, +91 976041 8103

Printed by :
Manipal Technologies Limited, Bengaluru - 560001, Karnataka

COPYRIGHT NOTICE & PUBLISHER DISCLAIMER

Copyright rights of this book including compositions, descriptions, statements, opinions included in this book are reserved by the author, so no any part of this book shall be reproduced partially electronic or mechanical (including film, serial, photographic, without the written permission of the author Recording, any newspaper, magazine, literary portal news portal, blog or translation into another language) in any manner whatsoever without written permission from the author, except in the case of brief quotations embodied in critical articles and reviews. If a person or institution attempts to do so, they will be responsible for the legal action.

Disclaimer : This book has been published with all efforts taken to make the material error-free after the consent of the author. However, the author and the publisher do not assume and hereby disclaim any liability to any party for any loss, damage, or disruption caused by errors or omissions, whether such errors or omissions result from negligence, or any other cause. While every effort has been made to avoid any mistake or omission, this publication is being sold on the condition and understanding that neither the author nor the publishers or printers would be liable in any manner to any person by reason of any mistake or omission in this publication or for any action taken or omitted to be taken or advice rendered or accepted on the basis of this work. For any defect in printing or binding, the publisher will be liable only to replace the defective copy by another copy of this book then available through the same seller or distributor where purchased it.

अनुक्रमणिका

संपादकीय

जैसा कि आप सभी जानते हैं कि पाँच पवित्र घटकों से बना 'पंचामृत' का सनातन धर्म में एक विशेष महत्व है बिना इसके कोई भी धार्मिक अनुष्ठान संपन्न नहीं होता है। इसके सेवन से मानव शरीर की सभी इंद्रियाँ बलिष्ठ होती हैं और मानव सही दिशा में आगे बढ़ता है ठीक उसी प्रकार हमारी पुस्तक 'पंचामृत' भारतवर्ष के चुनिंदा पाँच युवा एवं अनुभवी लेखकों द्वारा लिखी गई रोचक एवं प्रेरणादायक लघु कहानियों का ऐसा अनूठा संगम है जिसकी सुगंध से हिन्दी साहित्य जगत के साथ-साथ, हमारा समाज और शिक्षारूपी उपवन भी सुगंधित हो उठेगा। ऐसा विश्वास है कि इस पुस्तक के रसास्वादन से नन्हे-मुन्ने पाठकों के साथ-साथ हर उम्र के पाठको के बेहतर भविष्य का मार्ग प्रशस्त होगा।

कहानियाँ अपनी बात को दूसरे के सम्मुख रखने का सबसे सहज, सरल और उपयोगी माध्यम होती हैं। कहानियाँ अक्सर सांस्कृतिक और सामाजिक मूल्यों को दर्शाते हुए हमें लोगों की आत्मा से सरलता के साथ जोड़ती हैं। कहानियों के माध्यम से हम समाज में फैली कुरीतियों, वैमनस्यता, बुराइयों को सरलता के साथ दूर कर सकते हैं। मुंशी प्रेमचंद जी ने अपनी हर कहानी के ज़रिए समाज में फैले अन्याय, बेईमानी, धोखेबाज़ी, अनाचार, धार्मिक आडंबर, छूआछूत और इनसे उपजी विपन्नता को दर्शाया है। सिर्फ यही नहीं समाज से चुने अपने पात्रों को उन्होंने समाज में खड़े करके ऐसे-ऐसे सवाल पूछे हैं, जिनमें से कुछ आज के आधुनिक समाज में भी प्रासांगिक हैं।

माँ वाग्देवी की अनुकम्पा से हिन्दी साहित्य के अंतरिक्ष को अपनी लेखनी से पल्लवित एवं पुष्पित करते लेखकों तथा अपने स्नेहमयी प्रोत्साहन से मुझे सदैव लिखते रहने एवं सम्पादन का कार्य करने की प्रेरणा देने वाले माता-पिता, स्नेहीजनों एवं पाठक मित्रों को मेरी ओर से 'पंचामृत'

साझा संग्रह सप्रेम भेंट है। आप सभी पाठकों को यह अमूल्य पुस्तक समर्पित करते हुए अपार हर्ष की अनुभूति हो रही है। मानवता को समर्पित यह संग्रह मेरे एवं समस्त सहभागी लेखकों के कोमल हृदय का उद्‌गार है।

वरिष्ठ एवं युवा लेखकों के मनोभावों को संजोने वाली पुस्तक 'पंचामृत' को आकर्षक रूप प्रदान करने में सम्मानित सहभागी लेखकों, मित्रों के अमूल्य सहयोग के साथ-साथ प्राची डिजिटल पब्लिकेशन के डायरेक्टर 'श्री राजेन्द्र सिंह बिष्ट' जी का यथेष्ट सहयोग प्राप्त हुआ है। आप सभी के प्रति वंदन, अभिनंदन एवं कृतज्ञता व्यक्त करता हूँ क्योंकि आपके सहयोग एवं स्नेहाशीष के बिना इस पुस्तक का संपादन सम्भव नहीं था।

बतौर सम्पादक 'पंचामृत' मेरी बारहवीं पुस्तक है। पुस्तक को तैयार करने में पूर्ण सावधानी बरती गई है फिर भी कुछ मानवीय त्रुटियाँ सम्भव हैं। किसी भी त्रुटि के लिए सभी पाठकों एवं सुधीजनों से क्षमा प्रार्थी हूँ। पुस्तक को आपके हाथों तक पहुँचाने में परोक्ष-अपरोक्ष रूप से जिन साथियों का सहयोग रहा है उन सभी के प्रति भी कृतज्ञता व्यक्त करता हूँ। उम्मीद है कि 'पंचामृत' पुस्तक अपनी रोचकता एवं उपयोगिता से हिन्दी साहित्य जगत को सदैव सूर्य की भाँति प्रकाशित करती रहेगी। मैं यह विश्वास के साथ कह सकता हूँ कि यह पुस्तक हर उम्र के पाठकों के लिए अत्यंत ज्ञानवर्धक एवं उपयोगी सिद्ध होगी तथा समाज में जागरूकता फैलाने में महती भूमिका अदा करेगी। आपके अभिमत की प्रतीक्षा रहेगी।

धन्यवाद

नवनीत कुमार शुक्ल

(संपादक)

हार्वर्ड विश्व रिकॉर्डधारी

सुनील कुमार

रचनाकार परिचय

जन्मतिथि	- 05 अगस्त सन् 1981
जन्म स्थान	- ग्राम फुटहा कुआँ (रायपुर राजा)
जिला	- बहराइच, उत्तर प्रदेश।
माता	- श्रद्धेया कृष्णावती
पिता	- श्रद्धेय अम्बिका प्रसाद
पत्नी	- श्रीमती वंदना
शिक्षा	- एम.एस-सी.,एम.ए.,एम.एड.
संप्रति	- विज्ञान शिक्षक/ ए.आर.पी. बेसिक शिक्षा परिषद बहराइच,उत्तर प्रदेश।
लेखन विधाएं	- कविता, कहानी, लघुकथा, आलेख, संस्मरण, यात्रा वृत्तांत आदि)

साहित्यिक उपलब्धियां

प्रकाशित कृतियां- **एकल काव्य संग्रह-**

(1)खुशियों की तलाश में (वर्ष 2019)

(2)रंग बदलते देखा है (वर्ष 2020)

(3)भावों के मोती (वर्ष 2021)

(4)जीवन के रंग कविता के संग (वर्ष 2023)

साझा काव्य संग्रह- काव्यसृष्टि, अनंता, दिल कहता है, वो इक्कीस दिन, सागर से नारायण तक, काव्य पथ पर, स्पंदन, मैनाक, नवसृजन, कलमरथ हृदय, जज्बात मन के, पद्य प्रसून, भारत@75, आजादी, मातृभूमि, स्वदेश, अमर जवान, भारत गौरव गाथा, मेरा भारत महान, आजादी का अमृत महोत्सव, समर्पण, युगद्रष्टा, आत्मजा, मेरी मां मेरे एहसास, पिता, बचपन, पिता की छांव, मेरी नजर से, किताब(मन के पन्ने), नन्हें क़दमों की उड़ान, हौसलों की उड़ान,

नटखट बचपन, ज्ञान गुल्लक, आनन्द की पाठशाला, ज्ञान के मोती, होली के रंग अपनों के संग, बाल काव्य संगम, बाल फुलवारी, मर्यादा पुरुषोत्तम भगवान श्रीराम, लघुकथा शतक।

पत्र-पत्रिकाएं- प्रेरणा, अरुणोदय, उजाला, उड़ान, सुमन सौरभ, साहित्यनामा, संगम सवेरा, सुवासित, अविरल प्रवाह, ककसाड़, बाल वाणी, बाल भारती, बाल उमंग, साहित्य भारती, साहित्य सरोज,नवकिरण, संगिनी, कविता कानन, अविचलप्रभा, कलायात्रा, प्रणाम पर्यटन, आह्लाद,काव्यार्पण, महाराष्ट्र मल्हार,आधेय,कलमश्री,आरूषि, रूचिरा आदि पत्रिकाओं में रचनाएं प्रकाशित।

प्रसारण - दूरदर्शन एवं आकाशवाणी केंद्र लखनऊ से रचनाएं प्रसारित।

प्राप्त सम्मान- श्रीराम काव्य शिल्पी सम्मान, नीरज शब्द शिल्पी सम्मान, आशावादी साहित्यकार सम्मान, राष्ट्रीय साहित्यकार सम्मान,अंतर्राष्ट्रीय सृजनकार सम्मान, भारत रत्न डॉ.भीमराव अंबेडकर यश भारती सम्मान, डॉ.भीमराव अंबेडकर शिक्षक रत्न सम्मान, डॉ.सर्वपल्ली राधाकृष्णन सम्मान, राजश्री साहित्य शिक्षा साहित्य रत्न सम्मान भारतेंदु हरिश्चंद्र सम्मान, रामधारी सिंह दिनकर स्मृति सम्मान,सुमित्रानंदन पंत स्मृति सम्मान, महादेवी वर्मा स्मृति सम्मान, निराला स्मृति सम्मान,भारत गौरव सम्मान,मधुशाला काव्य गौरव सम्मान,प्रेमचंद्र साहित्य भूषण सम्मान, हिंदी सेवी सम्मान, गीत गौरव अमृत महोत्सव सम्मान, नव साहित्य सारथी सम्मान, संस्कृति सारथी सम्मान,, महात्मा गांधी साहित्य सम्मान, हिंदी रत्न सम्मान, रश्मिरथी सम्मान, राष्ट्र गौरव सम्मान, राष्ट्रप्रेमी सम्मान, साहित्य रत्न सम्मान, हिंदी शब्द साधक सम्मान, कलम साधक सम्मान,कलम गौरव सम्मान, कलम शक्ति सम्मान, हिंदी उपासक सम्मान, संगम हिंदी गौरव सम्मान,भारत भारती सम्मान, पर्यावरण रक्षक सम्मान, पर्यावरण प्रहरी सम्मान,राजश्री साहित्य स्वर्ण काव्यपदमश्री सम्मान, साहित्य भूषण सम्मान,बाल गीत विशारद सम्मान, रश्मिरथी सम्मान, काशी रत्न सम्मान, मधुशाला काव्य गौरव सम्मान, कलमरथ गौरव सम्मान,हिंद देश साहित्य गौरव सम्मान, साहित्यदीप सम्मान,साहित्यमणि सम्मान, साहित्य साधक सम्मान, काव्य शिरोमणि सम्मान, साहित्य रत्न सम्मान, मधुरिम कवित्व सम्मान, कलमवीर सम्मान, राष्ट्र वाहक कलमकार सम्मान,युवा शक्ति सम्मान,मिशन शक्ति सम्मान, नारी प्रेरणा सम्मान,पुरुष रत्न सम्मान, सरस्वती पुत्र सम्मान, सृष्टि रक्षक सम्मान, शांति सद्भावना सम्मान, हिंदी गौरव

सम्मान, हिंदी सेवी सम्मान आदि।

अन्य उपलब्धियां– दूरदर्शन केंद्र व आकाशवाणी केंद्र लखनऊ द्वारा प्रसारित प्रायोजित कार्यक्रमों में पुरस्कृत। राष्ट्रीय विज्ञान एवं प्रौद्योगिकी संचार परिषद नई दिल्ली द्वारा श्रेष्ठ पत्र लेखन के लिए पुरस्कृत। मातृभाषा उन्नयन संस्थान इंदौर(मध्यप्रदेश) द्वारा हिन्दी महोत्सव– 2023 के अंतर्गत आयोजित "समाचार लेखन" प्रतियोगिता में विशेष स्थान प्राप्त। हिंदी दिवस के अवसर पर बेसिक शिक्षा विभाग बागपत उत्तर प्रदेश द्वारा आयोजित "हौसला शिक्षक कवि सम्मेलन 2023 एवं 2024" में प्रतिभागिता एवं सम्मान पत्र प्राप्त। मिशन शिक्षण संवाद समूह द्वारा आयोजित "काव्यधारा" कार्यक्रम में काव्य प्रस्तुति। विश्व हिंदी रचनाकार मंच (भोपाल)द्वारा नीरज शब्द शिल्पी सम्मान– 2020 तथा श्रीराम काव्य शिल्पी सम्मान– 2023 से सम्मानित। लम्हें जिंदगी के साहित्यिक संस्था, नई दिल्ली द्वारा आयोजित कविता लेखन प्रतियोगिता में प्रथम स्थान प्राप्त। साहित्य संगम संस्थान नारी सुवास मंच, नई दिल्ली द्वारा आयोजित "बधाई संदेश लेखन एवं गायन" प्रतियोगिता में द्वितीय स्थान प्राप्त। शांती फाउंडेशन गोंडा, उत्तर प्रदेश द्वारा अंतरराष्ट्रीय बालिका दिवस के अवसर पर आयोजित कविता लेखन प्रतियोगिता में प्रथम स्थान प्राप्त। काव्य कला सेवा संस्थान सीतापुर, उत्तर प्रदेश द्वारा शिक्षक दिवस(2024) के अवसर पर "शिक्षक शिरोमणि सम्मान" से सम्मानित। स्टोरी मिरर अंतरराष्ट्रीय ऑनलाइन लेखन मंच (मुम्बई) द्वारा वर्ष 2022 में "ऑथर आफ द ईयर अवार्ड" के अंतर्गत आठवां स्थान प्राप्त।

संपर्क सूत्र– ग्राम फुटहा कुआं निकट पुलिस लाइन
जिला–बहराइच, उत्तर प्रदेश पिनकोड 271801
मोबाइल नंबर – 6388172360
ईमेल – kumarsunil81f@gmail.com

करामाती बाबा

फैक्ट्री में छुट्टी होने के बाद सीमा हर रोज की तरह उस दिन भी वापस घर जा रही थी। अभी सीमा फैक्ट्री से कुछ ही दूर आगे पहुंची थी, तभी उसने देखा सड़क किनारे बैठा एक अधेड़ उम्र का व्यक्ति उसे हाथ से इशारे करके बुला रहा है। सीमा ने सोचा शायद वो किसी परेशानी में हैं इसलिए वह उसकी मदद के लिए उसके पास चली गई, और बोली क्या बात है बाबा? आपने मुझे क्यों बुलाया? सीमा की बात सुनकर वह अजनबी बोला, बेटी शायद तुम मुझे नही जानती, मैं करामाती बाबा हूं। लोगों को मुसीबतों से छुटकारा दिलाना मेरा काम है, मेरा कोई निश्चित नहीं धाम है। बेटी इस दुनिया में हर कोई अपने और अपनों के लिए जीता है। लेकिन मैंने अपना जीवन दूसरों की भलाई के लिए समर्पित कर दिया है। अपनी कठोर तप साधना के बल पर मैंने जो सिद्धियां हासिल की हैं उनसे मैं लोगों का भला करता हूं। मैं इंसान का चेहरा देखकर उसके दु:ख-तकलीफ जान लेता हूं। उस अजनबी की बातें सुनकर सीमा ने दोनों हाथ जोड़कर उसे प्रणाम किया। उसे लगा कि आज उसे किसी दिव्यपुरुष के दर्शन हो गए। सीमा मन ही मन खुश हो रही थी, क्योंकि काफी लम्बे समय से सीमा एक के बाद एक नई परेशानियों से जूझ रही थी। सीमा ने अजनबी के आगे अपने हाथ जोड़ते हुए कहा बाबा मेरे लिए क्या आदेश है? सीमा की बात सुनते ही अजनबी बाबा बोला, बेटी तुम पर एक बहुत बुरी आत्मा का साया है, इसीलिए तुम्हारे घर-परिवार में बरकत नहीं हो रही है। घर में अक्सर कोई न कोई परेशानी बनी रहती हैं। खुशियां तुम्हारे घर से बहुत दूर जा चुकी हैं। इस मुसीबत को जितना जल्दी हो सके अपने से दूर करो नही तो अनर्थ हो जाएगा! अजनबी बाबा के इतना कहते ही भोली-भाली सीमा डर गयी और बोली, बाबा अब मैं क्या करूं? सीमा के इतना कहते ही अजनबी बाबा बोला घबराओ नही बेटी, मेरे पास हर समस्या का समाधान है। ये तो कुछ नहीं, मैंने अपनी तप- साधना से इससे भी बड़ी आत्माओं का साया उतारा है। तुम कहो तो आज ही इसे उतार दूं। उस अजनबी बाबा के इतना कहते ही सीमा उसके आगे नतमस्तक हो गई और बोली, बाबा किसी भी तरह मुझे इस मुसीबत से छुटकारा दिलाओ। अजनबी बोला, ठीक है बेटी मैं आज ही तुम्हें इस बला से मुक्ति दिलाता हूं। लेकिन इसके लिए मुझे तुम्हारे घर के आंगन में एक अनुष्ठान करना होगा और तुम्हें इस अनुष्ठान के लिए इक्कीस हजार का चढ़ावा चढ़ाना होगा। भोली भाली सीमा उस अजनबी के झांसे में आ गयी और उसे अपने घर की ओर लेकर चल दी। सीमा जब घर पहुंची उस समय घर में कोई नही था। सीमा ने अजनबी बाबा को ठंडा पानी पिलाया और पूछा, बाबा अब मुझे क्या करना है? बाबा

ने घर के आंगन में एक सफेद चादर बिछ्वाई और अपने झोले से एक बड़ा...सा दिया निकालकर उसे चादर के बीचों-बीच में रखकर उसमें लोबान सुलगा दिया। लोबान सुलगाने के बाद अजनबी बाबा दिए के एक और बैठ गया और दूसरी ओर सीमा को बिठाकर जोर-जोर से मंत्र पढ़ने लगा। थोड़ी देर बाद उसने सीमा से उसके सारे गहने और चढ़ावे के इक्कीस हजार रुपए लाने को कहा। कुछ ही पल में सीमा ने अलमारी से गहने और रूपए निकाल कर बाबा के सामने रख दिया। सीमा के गहने और रूपए रखते ही बाबा ने अपनी पोटली से एक कागज की पुड़िया निकाली और उसे सीमा के हाथ में रखते हुए बोला, बेटी तुम मेरे साथ-साथ मंत्र का उच्चारण करती रहो और लोबान पर पुड़िया से थोड़ा-थोड़ा भभूत डालती रहो। सीमा ने ठीक वैसा ही किया। थोड़ी ही देर में चारों ओर धुंआ ही धुंआ फैल गया और सीमा बेहोश होकर गिर गई। इतने में अजनबी बाबा, सीमा के सारे गहने और रूपए लेकर फरार हो गया। करीब एक घंटे बाद जब सीमा को होश आया तो उसे अपने चारों ओर धुंआ ही धुंआ दिखा। उसे कुछ भी साफ नजर नहीं आ रहा था, उसे चक्कर आ रहा था, वह उठ कर ठीक से बैठ भी नही पा रही थी। किसी तरह उठकर उसने मुंह धुला और अपने आस-पास देखने लगी उसे अब भी बहुत साफ दिखाई नहीं दे रहा था। जब उसे अपने पास रखे गहने, रुपए और वह अजनबी नही दिखा तो उसे समझते देर नहीं लगी कि आज वह ठगी का शिकार हो गयी। सीमा सुध-बुध खो कर जोर-जोर से चिल्लाने लगी। उसकी चीख-पुकार सुनकर आस-पास के लोग वहां इकट्ठा हो गए। सीमा ने सबको आपबीती सुनाई। सीमा की आपबीती सुनकर सब हक्का-बक्का रह गये....पर अब हो भी क्या सकता था, करामाती बाबा तो अपनी करामात दिखा चुका था।

मातृभाषा का सम्मान

गांव के सरकारी स्कूल से हाई स्कूल की परीक्षा उत्तीर्ण करने के बाद रमेश आगे की पढ़ाई के लिए अपने चाचा जगमोहन के साथ लखनऊ आ गया था। जगमोहन लखनऊ शहर में एक बहुत बड़ी मील में मुनीम की नौकरी करते थे। गांव के स्कूल में पढ़ाई का माध्यम हिंदी था इसलिए रमेश की हिंदी बहुत अच्छी थी, लेकिन दूसरे अन्य विषयों की अपेक्षा अंग्रेजी विषय पर उसकी पकड़ कमजोर थी। न केवल स्कूल की पुस्तकें बल्कि हिंदी विषय की कविता, कहानी, उपन्यास आदि पढ़ने में भी रमेश की बेहद रुचि थी। पढ़ाई-लिखाई में रमेश की लगन को देखकर उसके चाचा ने उसका दाखिला शहर के सबसे मशहूर कालेज में करवाया था। इस कालेज में मुख्यत: शहर के संपन्न परिवारों के बच्चे पढ़ते थे। स्कूल के अधिकांश बच्चे अंग्रेजी में ही बातचीत करते थे। ग्रामीण परिवेश में पले-बढ़े रमेश को अंग्रेजी में बातचीत करने में थोड़ी झिझक महसूस होती थी, फिर भी रमेश सभी बच्चों से अंग्रेजी में बातचीत करने का भरसक प्रयास करता था। रमेश की टूटी-फूटी अंग्रेजी के चलते उसके साथी अक्सर उसका मजाक उड़ाते थे। रमेश को यह बात बहुत अखरती थी। रमेश ने जब यह बात अपने चाचा जगमोहन को बताई तो उन्होंने रमेश को घर पर अंग्रेजी पढ़ाना शुरू किया। चाचा जगमोहन के मार्गदर्शन और अपनी लगन की बदौलत रमेश ने कुछ ही दिनों में अंग्रेजी पर भी अच्छी पकड़ बना ली। अब रमेश भी अपने साथियों से बेझिझक अंग्रेजी में बातें करने लगा था। धीरे-धीरे समय बीतता गया रमेश अब अपने साथियों से अच्छी तरह घुल-मिल गया था। एक दिन जब सब अपनी कक्षा में पढ़ रहे थे तभी उनकी कक्षा में उनके प्रधानाध्यापक का आगमन हुआ। कक्षा के सभी बच्चों ने बड़ी गर्मजोशी के साथ उनका स्वागत किया। प्रधानाध्यापक जी ने सभी का अभिवादन स्वीकार करते हुए उन्हें बैठने का निर्देश दिया और आगामी 14 सितंबर को हिंदी दिवस के अवसर पर कालेज में आयोजित होने वाले हिंदी महोत्सव के बारे में बताया। हिंदी महोत्सव के दौरान कालेज में हिंदी विषय पर निबंध, नारा लेखन, श्रुतलेख , भाषण आदि प्रतियोगिताओं का आयोजन होना था। प्रधानाध्यापक महोदय द्वारा हिंदी महोत्सव की जानकारी पाकर रमेश की खुशी का कोई ठिकाना न रहा। उसे पूरा विश्वास था कि वह इस प्रतियोगिता में जरूर सफल होगा। 14 सितंबर के दिन सभी बच्चे प्रार्थना सभा के बाद कालेज सभागार में एकत्रित हुए। मंच पर प्रधानाध्यापक महोदय के साथ जनपद के जिलाधिकारी एवं अन्य गणमान्य व्यक्ति मंचासीन थे। मुख्य अतिथि के स्वागत अभिवादन के बाद आयोजकों ने बच्चों को प्रतियोगिता के नियमों की जानकारी दी और इसके बाद एक के बाद एक प्रतियोगिताएं

आयोजित की गई। इस दौरान मंचासीन गणमान्य व्यक्तियों ने अपने उद्बोधनों में मातृभाषा हिंदी की महत्ता के बारे में भी बताया। प्रतियोगिता समापन के कुछ ही देर बाद आयोजक मंडल द्वारा मंचासीन अधिकारियों के समक्ष आयोजित प्रतियोगिताओं का परिणाम प्रस्तुत किया गया। निर्णायक मंडल द्वारा आपसी विचार-विमर्श के बाद मंच से विजेताओं के नाम की घोषणा की गई। हिंदी महोत्सव के अंतर्गत आयोजित विविध प्रतियोगिताओं में रमेश को सर्वोच्च स्थान प्राप्त होने पर कार्यक्रम के मुख्य अतिथि जिला अधिकारी महोदय द्वारा रमेश को मंच पर सम्मानित किया गया। रमेश के सम्मानित होते ही पूरा सभागार तालियों की गड़गड़ाहट से गूंज उठा। विद्यालय में अक्सर रमेश का मजाक उड़ाने वाले उसके साथियों ने दौड़कर रमेश को गले लगाकर बधाई दी और उससे अपनी गलती के लिए क्षमा मांगी। रमेश ने अपने साथियों को गले लगाकर उन्हें मातृभाषा हिंदी के मान-सम्मान का प्रण दिलाया। रमेश ने अपने साथियों से वचन लिया कि अगले वर्ष वे सभी हिंदी महोत्सव के विजेता बनेंगे, इसके लिए वे अभी से एकजुट होकर प्रयास करेंगे और मातृभाषा हिंदी को राष्ट्रभाषा का सम्मान दिलाने में अपना योगदान देंगे। रमेश की बातें सुन वहां उपस्थित गुरुजनों ने रमेश की उन्मुक्त कंठ से प्रशंसा की और उसे शुभाशीष प्रदान किया।

हिंदी अपनी आन है, हिंदी अपनी शान
हिंदी के सम्मान से, बढ़ा हिंद का मान।

भाषा कोई दूजी नही, मातृभाषा के समान
मातृभाषा को मिले, राष्ट्रभाषा का सम्मान।

मुंह दिखाई

शादी के बाद पहली बार ससुराल आई पूजा को अभी एक महीना भी नहीं हुआ था, लेकिन इतने कम समय में पूजा ने अपने कार्य–व्यवहार से परिवार के सभी सदस्यों का दिल जीत लिया था। रोज सुबह सबसे पहले उठना और रात में सब काम खत्म करके सबसे बाद में सोना पूजा की दिनचर्या में शामिल था। पूजा घर के छोटे–बड़े सभी सदस्यों की पसंद–नापसंद का पूरा ध्यान रखती थी। परिवार के सदस्यों के प्रति पूजा के व्यवहार से उसका पति प्रदीप बहुत खुश था। प्रदीप की लाडली भतीजी परी तो पूजा से इस तरह घुल मिल गई थी कि उसके बिना एक पल भी रह नही सकती थी। परी दिन भर चाची–चाची की रट लगाए पूजा के आगे–पीछे बनी रहती थी। पूजा भी परी को बहुत प्यार करती थी। परिवार के सभी लोग पूजा को बहू नहीं बल्कि अपनी बेटी की तरह मानते थे।

एक अनजान से घर में अजनबी लोगों के बीच इतनी जल्दी सबके दिलों में जगह बना लेना कोई आसान काम नही था, पर ये पूजा के संस्कार ही थे जो उसे सबका प्रिय बनाए थे। पूजा का इस तरह दिन भर चहकना और परिवार के लोगों से प्यार से बातें करना पड़ोस में रहने वाली जानकी चाची को बहुत अखरता था। वह हमेशा पूजा के हंसते–खेलते परिवार में फूट के बीज बोने का मौका ढूंढती थी।

एक दिन दोपहर के समय जब पूजा के सास–ससुर और परिवार के अन्य सभी लोग कहीं बाहर गए हुए थे तभी जानकी चाची पूजा से मिलने के बहाने उसके घर जा पहुंची। जानकी चाची को देखते ही पूजा ने उनके पैर छुए और उन्हें सम्मान पूर्वक घर के अंदर ले गयी। जानकी चाची को सोफे पर बैठाकर पूजा चाय–नाश्ते का इंतजाम करने लगी। थोड़ी देर बाद जब पूजा चाय–नाश्ता लेकर वापस आई तो जानकी चाची बोली अरे बेटी तुम बेकार में परेशान हो रही हो मैं तो बस तुमसे मिलने आई थी। कई दिनों से तुमसे मिलने का दिल कर रहा था पर मौका ही नहीं मिल रहा था। आज काम थोड़ा कम था तो सोचा चलो मिल आऊं।

काफी देर इधर–उधर की बातें करने के बाद जानकी चाची बोली अरे बेटी तूने बताया नहीं तेरे सास–ससुर ने तुझे मुंह दिखाई में क्या दिया? जानकी चाची की बातें सुनकर पूजा बोली अरे चाची मेरे सास–ससुर ने तो मुझे अपना सब कुछ दे दिया। जानकी चाची चौंक कर बोली, अरे ऐसा क्या दे दिया तेरे सास–ससुर ने, जरा मुझे भी तो पता चले। चेहरे पर एक सहज मुस्कान लिए पूजा बोली चाची, मां–बाप के लिए उसकी औलाद से बढ़कर क्या कुछ होता है, जब उन्होंने मुझे

अपना बेटा ही सौंप दिया तो अब मैं उनसे और किस चीज की लालसा करूं। पति के रूप में अपना बेटा देकर उन्होंने मुझे अपना सब कुछ तो दे दिया। पूजा के मुंह से ऐसी बातें सुनकर जानकी चाची का मुंह बंद हो गया।

धन–दौलत के चक्कर में उलझा क्यों इंसान
मात–पिता से बढ़कर कोई दूजा न भगवान।

मैली मत कर काया अपनी, दूर सफर पर जाना है
धन–दौलत और महल–अटरिया, सब यहीं रह जाना है।

बिन पानी खत्म कहानी

स्कूल से वापस घर लौटते समय सड़क किनारे दीवार पर लगे पोस्टर को देख राजू अचानक रुक गया। राजू को रुका देख सीमा और विजय भी राजू के पास आ गए। राजू दीवार पर लगे उस पोस्टर को बड़े ही गौर से देख रहा था जिसमें एक बुजुर्ग महिला गड्ढे में भरे गंदे पानी को निकाल कर पी रही थी। सीमा बोली राजू इस पोस्टर में क्या खास बात है जो इतनी गौर से देख रहे हो। इतना कहकर सीमा और विजय भी उस पोस्टर को देखने लगे। तभी राजू बोला सीमा ये बुजुर्ग महिला गड्ढे का गंदा पानी क्यों पी रही है? राजू की बात सुनकर सीमा बोली राजू क्या तुम नहीं जानते हमारे देश में ऐसे बहुत से स्थान है जहां आज भी पीने के पानी की किल्लत है। ये तो भगवान का शुक्र है कि अभी हम लोगों के यहां ऐसी किल्लत नहीं है। वरना देश में ऐसे-ऐसे इलाके हैं जहां लोग पानी की एक-एक बूंद को तरसते हैं। पानी के लिए लोगों को कोसों दूर पैदल जाना पड़ता है। सीमा की बातें सुनकर विजय बोल उठा क्या सच में हमारे देश में पानी की इतनी कमी है कि लोगों को गंदा पानी पीने के लिए मजबूर होना पड़ता है। तब सीमा ने दोनों को बताया कि वैसे तो पृथ्वी पर पानी बहुत अधिक मात्रा में है लेकिन उसमें से पीने योग्य पानी बहुत ही कम मात्रा में है। पृथ्वी पर मौजूद कुल पानी का मात्र तीन प्रतिशत ही पीने योग्य है बाकी शेष पानी खारा है, जिसे पीने के लिए इस्तेमाल नहीं किया जा सकता।इसके बावजूद भी लोग पानी की अहमियत नहीं समझते और आए दिन तरह-तरह से पानी का दुरुपयोग करते हैं। सीमा की बातें सुनकर राजू बोला, सीमा क्या तुम बता सकती हो कि लोग कैसे पानी बर्बाद करते हैं? इतने में विजय भी बोल उठा, हां सीमा मुझे भी बताओ। उन दोनों की उत्सुकता देख सीमा बोली हां क्यों नहीं, मैं जरूर बताऊंगी। देखो हम सभी लोग अपने दैनिक जीवन में जाने-अनजाने बहुत अधिक मात्रा में पानी का दुरुपयोग करते हैं लेकिन कुछ बातों पर अमल करके हम पानी की बर्बादी को रोक सकते हैं। इतने में राजू बोला वो कैसे? तब सीमा बोली, जैसे नहाने के लिए हमेशा बाल्टी और मग का उपयोग करें। शावर या बाथटब का उपयोग कभी नही करें, क्योंकि ऐसा करने से बहुत अधिक मात्रा में पानी बर्बाद होता है। ब्रश करते समय या दाढ़ी बनाते समय नल को खुला न छोड़ें। घर की फर्श व मोटर गाड़ियों को धोने के लिए साफ पानी का इस्तेमाल करने के बजाए आर.ओ. या वाशिंग मशीन से निकले हुए पानी का इस्तेमाल करें। कपड़े धोने के लिए हमेशा वाशिंग मशीन का प्रयोग न करें। जब अधिक कपड़े धुलने हों तभी वाशिंग मशीन का प्रयोग करें थोड़े कपड़े हाथ से ही धुल लें, इससे काफी मात्रा में पानी की बचत होगी। शौचालयों में दो तरह के फ्लैश का प्रयोग

करें। जैसे मूत्र त्याग के बाद कम पानी वाले और मल त्याग के बाद अधिक पानी वाले फ्लैश का उपयोग करें।कूलर और ए.सी. से निकलने वाले पानी का इस्तेमाल फूल-पौधों की सिंचाई के लिए करें।बर्तन धुलने के लिए सीधे नल का उपयोग कभी न करें बल्कि बाल्टी या टब में पानी भरकर ही बर्तन धुलें।फल,अनाज या सब्जियों को सीधे नल से धोने के बजाय बाल्टी या टब में पानी भरकर ही धुलें। बरसात के दिनों में छत पर जमा होने वाले पानी को पाइप लाइन के माध्यम से वाटर टैंक या जमीन में संरक्षित करें। सीमा की बातें सुन राजू और विजय की आंखें खुली की खुली रह गई। दोनों एक स्वर में बोले सीमा आज तुमने हमारी आंखें खोल दी। जाने-अनजाने हम भी पानी का दुरुपयोग करते थे। लेकिन आज हम कसम खाते हैं कि न तो कभी पानी का दुरुपयोग करेंगे और न ही किसी को करने देंगे क्योंकि आज हम जान गए, बिन पानी खत्म कहानी।

जल में बसती है,जीवन की अदभुत शक्ति
खत्म हुआ जो जल,तो मिट जाएगी हस्ती।

सूख रहे सब ताल- तलैया, जीव हुए व्याकुल
जलस्रोतों की रक्षा करना,मत जाना तुम भूल।

भूल का एहसास

सुनील अभी बाजार से घर वापस आया ही था कि घर के बाहर कबाड़ी को तराजू में अपनी किताबें तोलता देख उस पर भड़क उठा और गुस्से से बोला क्या कर रहे हो तुम? कबाड़ी बोला साहब रद्दी तौल रहा हूं। उसके इतना कहते ही सुनील आग बबूला हो गया। इतने में सुनील की पत्नी वंदना बोली, इसे क्यों डांट रहे हो? कमरे की सारी अलमारियां रद्दी किताबों से भरी पड़ी हैं, घर में सामान रखने के लिए जरा सी भी जगह नही है। मैंने ही इसे ये रद्दी किताबें दी हैं। वंदना के इतना कहते ही सुनील उस पर भड़क उठा। क्या कहा तुमने, मेरी किताबें तुम्हें रद्दी लगती हैं? तुम्हें रद्दी लगने वाली ये किताबें मेरी जिंदगी हैं। मेरी ये किताबें ही मेरी सच्ची दोस्त हैं।बचपन से लेकर आज तक इन्हीं किताबों ने मुझे अच्छे-बुरे और सही-गलत का फर्क सिखाया है, मुझे सही रास्ता दिखाया है और तुम इन्हें रद्दी कहती हो। आज मैं जो कुछ भी हूं इन्हीं किताबों की बदौलत हूं। इन किताबों से मुझे उतना ही लगाव है जितना कि तुमसे। भगवान के लिए इन्हें कभी मुझसे दूर करने की बात भी मत सोचना। यह कहते-कहते सुनील भावुक हो गया और कबाड़ी के तराजू से अपनी किताबें उतारकर उन्हें सीने से लगाए घर के अंदर चला गया।किताबों के प्रति सुनील का लगाव देखकर वंदना की आंखें नम हो गई। शायद उसे अपनी भूल का एहसास हो गया था।

अंधकार में जीवन पथ पर, जीवन ज्योति जलाती हैं।
भले-बुरे में भेद बताकर, पुस्तकें हमें जीना सिखाती है।

राह, राही और मंजिल का, आपस में गहरा नाता है
सुपथ जो चलता सदा, अपनी मंजिल पाता है।

रिवाज़

विदाई के समय अपनी बुआ को दादा–दादी से लिपट कर रोता–विलखता देख मासूम परी अपने पापा से बोली,

"पापा बुआ क्यों रो रही है ?"

(परी के मासूम सवाल का जवाब देते हुए पापा ने कहा)

"बेटा तुम्हारी बुआ की शादी हो गई है अब तुम्हारी बुआ हम लोगों से दूर तुम्हारे फूफा के घर जा रही है और अब वो वहीं रहेंगी, इसलिए रो रही हैं।"

पापा की बात सुनकर मासूम परी बोली–

तो क्या शादी के बाद सभी बेटियां अपने मम्मी–पापा से दूर चली जाती हैं? (परी ने पापा से पूछा)

"हां बेटा..(पापा ने कहा)"

"क्यों ?(परी ने पूछा)"

"यही हमारा रिवाज़ है परंपरा है।"

"तो क्या मुझे?

परी के मासूम से प्रश्न को सुनकर पापा की आंखें नम हो गई।

रीति ये कैसी इस जग ने बनाई है,
किसी से मिलन किसी से जुदाई है।

छोड़ अपने बाबुल का घर, पिया के घर आई है
न जाने क्यों लोग पूछते हैं, बहू दहेज में क्या लाई है।

पछतावा

दीवाली का त्योहार करीब था। घर के सभी लोग घर की साफ-सफाई में व्यस्त थे। सुनील भी साफ- सफाई में लोगों का हाथ बटा रहा था तभी अचानक सुनील को ध्यान आया कि दीपावली के कारण परसों से बैंक बंद हो रहे हैं लिहाजा त्योहार में खरीदारी के लिए बैंक से आज ही पैसे निकाल लूं। यह सोचकरसुनील काम बंद करके थोड़ी ही देर में बैंक पहुंच गया।त्यौहार करीब होने के नाते बैंक में बहुत भीड़ थी। काफी जद्दोजहद के बाद सुनील बैंक से बीस हजार रुपए निकाल पाया। रूपये गिनते हुए सुनील बैंक से बाहर आया और उन्हें पर्स में रखकर पैंट की पिछली जेब में डाल दिया। थोड़ी देर बाद सुनील बाइक पर सवार होकर घर के ओर चल दिया। रास्ते में कुछ सामान लेने के बाद जब सुनील घर पहुंच तो देखा जेब में उसका पर्स ही नही था। वह तुरंत वापस बाजार की ओर गया, पर रास्ते में कहीं भी पर्स नही मिला। घर वापस आकर जब सुनील ने घर वालों को यह बात बताई तो सब बहुत दु:खी हुए, पर किसी ने भी अपना दु:ख जाहिर नहीं होने दिया। बल्कि हर किसी ने यही कहा चलो कोई बात नहीं गिर गया तो गिर गया। नौकरी में आने के बाद यह पहला मौका था जब सुनील त्यौहार पर अपने भाई-बहनों को पैसे नहीं दे पाया था। वरना हर त्योहार पर वह भाई-बहनों को खरीददारी के लिए पैसे देता था। उस दिन उसे अपनी लापरवाही पर बहुत पछतावा हुआ। वह बार-बार यही सोच रहा था काश मैंने पर्स पैंट की पिछली जेब में न रखा होता।इस घटना के बाद सुनील ने पैंट की पिछली जेब में पर्स रखना ही छोड़ दिया।

लापरवाही

हर दिन की तरह उस दिन भी सुनील कॉलेज की पढ़ाई खत्म करके अपनी साइकिल से घर वापस आ रहा था। सुनील अक्सर अपनी किताबें और रजिस्टर साइकिल के कैरियर में दबाकर रखता था। उस दिन सुनील जब पानी टंकी चौराहे के पास पहुंचा तो सड़क के किनारे कबाड़ी के ठेले पर किताबों का ढेर देख उसके पास रुक गया और ठेले पर रखी किताबों को उलट-पलट कर देखने लगा। किताबों के ढेर में उसे बहुत सी किताबें उसके काम की दिखीं। इसलिए उसने ठेले वाले से मोलभाव करके सौ रुपए में आठ किताबें खरीद ली। उस समय बाजार में उन किताबों का मूल्य लगभग एक हजार रुपए रहा होगा। किताबों को साइकिल के कैरियर में दबाकर सुनील वहां से आगे निकल आया। कुछ देर बाद जब वह अस्पताल चौराहा पहुंचा तो देखा एक अजनबी व्यक्ति उसे रुकने का संकेत दे रहा है। उसे देख सुनील रुक गया और पूछा क्या बात है। उस अजनबी व्यक्ति ने कहा कि भाई मुझे भी कुछ दूर लेते चलो। पहले तो सुनील ने कुछ संकोच किया लेकिन बाद में उसे पीछे साइकिल के कैरियर पर बैठा लिया। उस अजनबी व्यक्ति को बैठाने से पहले सुनील ने कैरियर में लगी किताबें उसके हाथ में दे दी। थोड़ी देर बाद जब वह व्यक्ति पुलिस लाइन कैंपस के करीब पहुंचा तो उसने साइकिल रोकने को कहा। उसके कहने पर सुनील ने साइकिल रोक दी और उससे किताबें कैरियर में लगाने को कहा।उसने कहा ठीक है भाई बहुत-बहुत धन्यवाद। मैंने किताबें कैरियर में लगा दी हैं। उसके इतना कहते ही सुनील वहां से आगे बढ़ गया। थोड़ी देर बाद जब सुनील घर पहुंचा तो देखा कैरियर से उसकी किताबें गायब थीं। केवल उसका रजिस्टर ही कैरियर में लगा था। यह देख उसे समझने में तनिक भी देर न लगी। जरूर उस अजनबी व्यक्ति ने ही उसकी किताबें निकाल ली थीं। सुनील को अपनी गलती पर बहुत पछतावा हुआ। इस घटना के बाद सुनील ने अजनबियों को लिफ्ट देना ही छोड़ दिया।

फादर्स डे का गिफ्ट

दोपहर का समय था। सुनील और पूजा अपने कमरे में बैठे आपस में बातें कर रहे थे। तभी दरवाजे पर उनकी लाडली भतीजी परी की आवाज सुनाई दी। परी की आवाज सुन पूजा ने दरवाजा खोला तो देखा कि नन्ही परी अपने नाजुक कंधों पर एक बड़ा सा थैला टांगे खड़ी थी। परी को पुचकारते हुए पूजा बोली क्या है मेरी लाडली? इतने में परी ने अपने थैले से टॉफी, बिस्किट और चिप्स के पैकेट निकाले और बोली चाची आज मैं सामान बेच रही हूं। आप लोग भी मुझसे कुछ सामान खरीद लीजिए। परी की मासूमियत भरी बातें सुनकर सुनील और पूजा अचरज में पड़ गए कि मेरी नन्हीं परी आज सामान क्यों बेच रही है। पर उसकी बात रखने के लिए दोनों ने सामान लेने की हामी भर दी और बोले परी बेटा तुम जो भी सामान बेच रही हो उनमें से सब चीजें हमें चाहिए। सुनील के इतना कहते ही परी ने अपने थैले से टॉफी, बिस्किट और चिप्स के पैकेट निकाले और उन्हें अपनी चाची के हाथों में देते हुए बोली, अब आप मुझे पैसे दीजिए। परी की बात सुनकर सुनील और पूजा मुस्कुरा कर बोले कितने रुपए हुए मेरी लाडली। परी तपाक से बोली चाचा बीस रुपए। सुनील ने अपनी शर्ट की जेब से बीस रुपए निकाले और परी के हाथ में दे दिया। चाचा से रूपए मिलते ही परी अपना थैला उठाई और चहकते हुए कमरे से बाहर चली गई। थोड़ी देर बाद जब सुनील अपने कमरे से बाहर आया तो देखा परी अपने दादा-दादी को भी सामान देकर उनसे पैसे मांग रही थी। परी की मासूमियत देख सुनील मुस्कुराया और बाइक पर सवार होकर बाजार की ओर चला गया। रात को जब सुनील और पूजा अपने कमरे में आराम कर रहे थे तब पूजा ने सुनील को बताया कि आज परी ने घर के सभी लोगों को टॉफी, बिस्किट और चिप्स बेचें हैं। सुनील बोला हां मैंने दोपहर में देखा था। हमारे कमरे से बाहर जाने के बाद परी दादा-दादी को सामान देकर पैसे मांग रही थी। इतने में पूजा बोली क्या आप जानते हो परी ऐसा क्यों कर रही थी? सुनील बोला हां हमारी परी अभी बच्ची है उसे कोई बचपना सूझा होगा इसलिए ऐसा कर रही थी। सुनील की बात सुनकर पूजा बोली नहीं, हमारी लाडली कोई बचपना नहीं कर रही थी और न ही कोई खेल खेल रही थी। अगले संडे को फादर्स डे है और हमारी परी अपने पापा को सरप्राइज गिफ्ट देने के लिए सामान बेच कर पैसे इकट्ठा कर रही है। पूजा की बात सुनकर सुनील बोला अरे वाह, मैं नहीं जानता था कि हमारी नन्हीं परी इतनी बड़ी हो गई है। पूजा बोली और क्या हमारी परी इस बार अपने कमाए रुपयों से अपने पापा को फादर्स डे का गिफ्ट देगी।

मातृभाषा का महत्व

वार्षिक परीक्षा के दिन करीब थे। लिहाजा कविता अपना पूरा ध्यान अपनी पढ़ाई पर देने लगी थी। पिछले कुछ दिनों से कविता ने दोस्तों के साथ खेलना, टी .वी . देखना और मोबाइल पर समय बिताना बिल्कुल कम कर दिया था। कविता इन दिनों अपना पूरा समय परीक्षा की तैयारी में दे रही थी। उसे पूरा यकीन था कि वह इस बार परीक्षा में जरूर टॉप करेगी। कविता पूरी तन्मयता से परीक्षा की तैयारी में जुटी थी। लेकिन उसमें एक कमी थी, अपनी मातृभाषा हिंदी को अन्य विषयों से कमतर आंकना। वह अन्य विषयों की तैयारी में तो घंटों समय दे रही थी पर हिंदी की तैयारी पर बिल्कुल ध्यान नहीं दे रही थी। उसके दिमाग में एक बात घर कर गई थी कि हिंदी तो हमारी बोलचाल की भाषा है भला इसमें क्या तैयारी करना। शायद वह नहीं जानती थी कि उसकी यह भूल उसे कितनी भारी पड़ेगी। धीरे–धीरे समय बीतता गया और बोर्ड परीक्षा का समय भी आ गया। कविता पूर्ण मनोयोग से परीक्षा में शामिल हुई। उसे पूरा विश्वास था कि इस बार उसका नाम विद्यालय के टॉप टेन विद्यार्थियों की सूची में अवश्य शामिल होगा। लेकिन कुछ दिनों बाद जब परीक्षा परिणाम आया तो परिणाम देखकर कविता के होश उड़ गए।

परीक्षा के अन्य विषयों में सत्तर प्रतिशत से भी अधिक अंक प्राप्त करने वाली कविता अपनी मातृभाषा हिंदी के प्रश्न पत्र में मात्र पासिंग मार्क अंक ही हासिल कर पायी थी। विद्यालय के टॉप टेन विद्यार्थियों की सूची में शामिल होने का उसका सपना धरा का धरा ही र ह गया। वह शोक के गहरे सागर में डूब गई और सोचने लगी काश मैंने अपनी मातृभाषा के महत्व को समझा होता तो आज विद्यालय के टॉप टेन विद्यार्थियों की सूची में मेरा भी नाम शामिल होता।

संस्कृत सुता अति प्यारी,हिंदी भाषा हमारी
आज नही तो कल बनेगी ,राष्ट्रभाषा हमारी।

हिंदी की महिमा निराली, इसे बोले दुनिया सारी
राष्ट्रभाषा एक दिन बने, यही अभिलाषा हमारी।

डा0 भारती वर्मा बौड़ाई

रचनाकार परिचय

जन्म - देहरादून, उत्तराखंड में

शिक्षा - एम0 ए0 (हिन्दी साहित्य) बीएड0, डी फिल (शोध द्वारा)

प्रकाशित पुस्तकें - 21

कविता संग्रह - 15

आलोचना - 01

सृजक समीक्षा - 01

लघुकथा संग्रह - 02

आलेख संग्रह - 01

विचार संग्रह - 01

साझा संग्रह - 209

पता - डा0 भारती वर्मा बौड़ाई, 95, ब्लॉक- H, दिव्य विहार, डांडा धर्मपुर, डाकघर- नेहरूग्राम, देहरादून-248001 (उत्तराखंड)

मो. - 9759252537

ईमेल - bharati.bourai007@gmail.com

सम्मान - वित्त मंत्री निर्मला सीतारमण (पूर्व रक्षा मंत्री) द्वारा हिन्दी सेवा सम्मान के साथ अन्तरा शब्दशक्ति, साहित्य संगम संस्थान और वर्तमान अंकुर द्वारा कई सम्मान प्राप्त।

घूप-वर्षा में भीगता प्रेम

आज जीवन के जिस मोड़ पर मैं धरा आ पहुँची हूँ वहाँ प्रेम ही तो है जो अब भी जीने की शक्ति बना हुआ है।

प्रेम के विषय में वह अधिकतर सोचा करती थी। दहेज शब्द से उसे बड़ी चिढ़ थी। इसी कारण वह प्रेम विवाह को सही मानती थी। पर जीवन में उसे कभी किसी से प्रेम होगा यह तो स्वप्न में भी कभी सोचा न था उसने।

प्रेम इस तरह दबे पाँव एक रेलवे स्टेशन पर उसके जीवन में प्रवेश करेगा यह तो शायद नियति का ही कोई विधान रहा होगा। यात्री के रूप में आरंभ हुआ वार्तालाप सहयात्री के रूप में गंतव्य तक चला जो अपने डाक पते देने के साथ समाप्त हुआ। उन दिनों मोबाइल कहाँ थे। शायद धरा और व्योम की मित्रता नियति लिख चुकी थी जिसे प्रेम और फिर प्रेम विवाह में परिणत होना था।

एक दिन डाक से मिला पत्र कई-कई बार पढ़ा और संक्षिप्त सा उत्तर लिख कर भेज दिया। शब्दों में कृपणता बरतना उसके स्वभाव में था। उत्तर आया और उसके एक सप्ताह बाद व्योम उसके नौकरी स्थल पर उसे लेने आ गए थे कोर्ट मैरिज करने के लिए। घरवालों से पूछने का समय भी कहाँ था। एक सप्ताह में वे विवाह बंधन में बंध गए थे। आर्थिक रूप से दोनों आत्मनिर्भर थे तो अपना निर्णय लेने में स्वतंत्र भी थे।

दोनों एक साथ अपने घरों में जाएँगे तो शायद घरवाले इस अप्रत्याशित समाचार के झटके को स्वीकार न कर पाएँ तो दोनों ने अलग-अलग अपने घरों में जाने का निर्णय किया। उनके विवाह का किसी ने खुले मन से स्वागत न किया। प्रत्यक्ष-अप्रत्यक्ष उपेक्षा, ताने चलते रहे। दोनों घरों में यह पहला अंतरजातीय प्रेम विवाह जो था सो किसी को सह्य नहीं हो रहा था। कुछ दिन अपने-अपने घरों में रह कर वे दोनों अपनी नौकरी पर लौट आए थे।

जब बेटी का जन्म हुआ तब पहली बार धरा..व्योम के साथ ससुराल गई। धरा की माँ ने भी व्योम को दामाद के रूप में मानना शुरू किया। उन्होंने बेटी को स्वीकृति नाम दिया। छुट्टियों में वे हर वर्ष घर आया करते। दोनों का निर्णय था कि जिन्हें असामान्य बने रहना है रहें हम तो सामान्य जीवन जिएँगे और सामान्य व्यवहार ही करेंगे। दिन बीतते रहे। घर में और भी विवाह हुए, और भी बहुएँ आईं, पर धरा के साथ कुछ न कुछ अप्रत्यक्ष में ऐसा होता ही था जो उसे पराएपन का अनुभव करवा ही देता था। शायद सभी प्रेम विवाह करने वालों को अपने प्रेम का मूल्य चुकाना ही पड़ता है।

इन सब बातों ने असाधारण रूप से धरा और व्योम को और उनके स्वाभिमान को बहुत अधिक मजबूत बनाया। दोनों का प्रेम जीवन की धूप–वर्षा में भीगता–सूखता, ओलों–थपेड़ों के बीच संघर्ष करता निरंतर मजबूत होकर निखरता गया। कभी किसी से आर्थिक मदद नहीं ली। अपने सभी काम और जिम्मेदारियाँ अपने दम पर निभाई। ईर्ष्या, द्वेष और भेदभाव करने वाले इन्हीं में उलझे रहे। जीवन–मृत्यु के संघर्ष में अपने बेटे के साथ जी–जान लगा कर व्योम को यमराज से वापस लेने के बाद ईश्वर को सदा साथ देने के लिए आभार प्रकट करना वह कभी नहीं भूलती। आज व्योम और अपने दोनों सुशिक्षित बच्चों के साथ अपने प्रेम पथ पर स्वाभिमान और गर्व से चलते हुए भी मिली ईर्ष्या, द्वेष, तानों, अपने को हर मामलों में कमतर समझे जाने के दर्द को वह लाख चाहने पर भी भूल नहीं पाती। उसने कभी भी किसी को जवाब नहीं दिया पर समय ने उन्हें स्वयं जवाब देकर धरा और व्योम के साथ अवश्य न्याय किया यही क्या कम है!

और सत्ता बदल गई

शोभा का स्वभाव जन्मजात ही ऐसा था कि माँ सदा उसकी ओर से चिंतित ही रहती थी। विवाह के पश्चात किस तरह ससुराल में उसका निभाव होगा.. यही ज्वलंत प्रश्न माँ-पिता और भाइयों को परेशान रखता था। वाणी की कर्कशता, तेज जुबान, किसी से न दबने और दूसरे को दबाने की प्रवृति क्या गुल खिलायेगी... सोंच कर सबकी रातों की नींद उड़ी रहती थी।

धीरे-धीरे वो दिन भी आया जब शोभा का रिश्ता हुआ और विवाह कर वो ससुराल चली गई। अपने स्वभाव के अनुरूप दो-चार दिन बीतते ही उसने अपनी दबंगई दिखानी आरंभ कर दी।

सास बीमार रहती थी तो जल्दी ही सारे अधिकार अपने हाथ में ले लिए। ससुर जी, पति और ननदों को शांति का साम्राज्य और लोगों के बीच अपनी इज्जत का आवरण बनाए रखने के लिए बहुत कुछ सहना पड़ता था।

बच्चे हुए तो वे भी उसी वातावरण में जीने लगे। समय बीतता रहा। ससुर और पति की मृत्यु हुई, बच्चों के विवाह हुए, वह स्वयं सास की पदवी पर शोभायमान हुई।

इस बीच शोभा की आध्यात्मिक यात्रा शुरू हुई तो कथा-कीर्तन, स्वाध्याय-सत्संग आदि में इधर-उधर जाने लगी। सुबह खाना बना-खा कर निकल जाती तो शाम तक आती। दिन में बीमार सास को भूख लगेगी तो क्या खाएगी... यह सोचने की चिंता तो उसे कभी हुई ही नहीं थी जो अब होती। बच्चे अपने मन का बना कर खाने के आदी हो ही चुके थे। दबंगई बरकरार, नियमित रूप से चल रही थी।

दिन बदले, क्योंकि अब शोभा भी सास बन गई थी। इतिहास बदलेगा या इतिहास दोहराया जाएगा... यही एक रोचक प्रश्न था जिसका उत्तर आना शेष था।

शोभा के साथ घटना कहो या दुर्घटना... यह घटी कि उसे अपनी बराबरी की दबंग बहू मिली। एक म्यान में दो तलवार, एक जंगल में दो शेर रह सकते थे भला! तो खतरे की घंटी बजनी स्वाभाविक थी। पहले धीमी गति के युद्ध घर के अंदर-अंदर चलते रहे। फिर आवाजें पड़ोसियों को सुनाई देने लगीं। कभी बर्तन पटके जाते, कभी तीव्र वाक् युद्ध चलता। दोनों में से कोई हार न मानता।

बेटा मूक दर्शक बना रहता या पत्नी का तरफदार बन माँ को दो-चार सुनाने में पीछे न रहता। सत्ता परिवर्तन की खनक सुनाई देने लगी लगी थी। पुराना हटने को तैयार नहीं, नया उसे रहने देने को तैयार नहीं। गाहे-बगाहे कभी द्वंद्व युद्ध, छापामार तो कभी प्रत्यक्ष आमने-सामने के युद्ध

होते और पड़ोसियों को बैठे-बिठाये मनोरंजन का अवसर मिलता रहता।

पड़ोसी कोई झाँकने तक न जाता। दाल-भात में मूसरचन्द कौन बनता। दो वाग्वीरों के मध्य दाल भी किसकी गलनी थी!

अब शोभा को लगने लगा कि वृद्धावस्था चैन से कट जाए... तो इसके लिए सत्ता छोड़ने में ही भलाई है अन्यथा दिन में ही चाँद-तारे देखने को तैयार रहना होगा।

युवा शेर सत्ता संभाल चुका, पुराना शेर अपने स्वभाव से विवश गुर्राने लगता तो उस दिन भोजन तक के लाले पड़ जाते।

इतिहास की पुनरावृत्ति हो चुकी है। शोभा ने हथियार डाल कर समझौता कर लिया है। अब रह-रह कर उसके मन में यही एक बात आती है कि काश! समय के साथ उसने अपने को बदल लिया होता, यही समझौता प्यार से अपने विवाह के बाद ही कर लिया होता तो आज तस्वीर कुछ दूसरी होती। पर अब तो तीर कमान से कब का निकल चुका था।

योग की महिमा

विवाह के उत्सव में बहुत दिनों बाद गौरी को प्रभा दिखी तो एक दृष्टि में तो वह उसे पहचान ही नहीं पायी। खाना खा लेने के बाद दोनों सहेलियाँ बैठ कर बात करने लगी।

" प्रभा! आखिर तुझे हो क्या गया? इतनी परेशानी तेरे चेहरे पर झलक रही है। बुझी-बुझी सी क्यों रहती है तू?"

" अब तुझे क्या बताऊँ गौरी! मैं अपने सिरदर्द से इतना परेशान हो चुकी हूँ कि क्या बताऊँ? दवाइयाँ खाते-खाते, डॉक्टर बदलते-बदलते थक गयी, पर कुछ फायदा नहीं हुआ। काम सारे करने होते हैं और चैन जरा सा नहीं। तू ही बता क्या करूँ?"

"अरे! सुन भी! लगभग एक महीना पहले आरोग्य भारती से एक योगाचार्य प्रवास पर आये थे। महिलाएँ स्वास्थ्य पर ध्यान नहीं दे पाती, इसी कारण वे स्वास्थ्य सम्बन्धी समस्याओं से जूझती रहती हैं... तो इसी उद्देश्य से उन्होंने मोहल्लों में एक, दो, तीन और पाँच दिन के शिविर महिलाओं के लिए किए। जिसमें वे दो घंटे में से एक घंटे की कक्षा लेकर उपयोगी बातें, भारतीय मसालों की विशेषताएँ, एल्यूमिनियम के बर्तनों का बहिष्कार, खानपान कैसा हो, कुछ आसन, कुछ मुद्रायें आदि बताते थे और बाकी एक घंटे महिलाओं की समस्या सुन कर उसके करणीय समाधान बताते थे।"

तो सिरदर्द के बारे में भी कुछ बताया क्या?"

" वही तो तुझे बताना चाहती हूँ। बताई तो उन्होंने बहुत सी बातें, पर मैं तुझे दो-तीन बातें बताती हूँ जिसे तू आसानी से कर सकती है। सुबह जल्दी उठ कर दो गिलास गरम पानी पीना। उसके बाद शौच आदि से निवृत्त होकर अनुलोम-विलोम करना।"

"अनुलोम-विलोम करना कैसे है?"

"नाक को एक ओर से अंगूठे से दबा कर दूसरी ओर से लम्बी साँस फिर उसे दूसरी अंगुली से दबा कर, अँगूठा हटाते हुए धीरे-धीरे साँस छोड़ना। इसी तरह दूसरी ओर से। पहले पंद्रह बार करो, फिर धीरे-धीरे क्रम बढ़ाती जाना। नियम से रोज करना"... कह कर गौरी ने उसे करके दिखाया।

" अब तीसरी आवश्यक बात... खाने से एक या आधा घंटा पहले पानी पी लेना, पर खाने के बाद तुरंत पानी नहीं पीना। एक घंटे बाद पीना। इतना कठिन नहीं है करना। तू एक महीना करके देख, तुझे फायदा स्वयं ही पता चल जायेगा पर शर्त यही है कि करना पड़ेगा।"

" चल गौरी! तेरे कहे अनुसार करके अब एक महीने बाद ही फोन करूँगी या मिलूँगी" ... कह कर वे दोनों अपने पति-बच्चों के साथ निकलीं।

गौरी तो यह सब बता कर अपने काम की व्यस्तताओं में भूल गयी। जब प्रभा का फोन आया कि वह उससे मिलने आ रही है, तब उसे याद आया।

आते ही प्रभा ने... "तेरे मुँह में घी-शक्कर! मेरा सिरदर्द तो गायब हो ही गया और सबसे अच्छी बात कि अब मुझे कब्ज भी नहीं रहती।

मेरी डॉक्टर साहिबा! जुग-जुग जियो। और हाँ! जब वे योगाचार्य आयें तो मुझे भी जरूर बताना।"

प्रभा के जाने के बाद गौरी सोच रही थी कि ऐसी लाभदायक जानकारियाँ वह अपनी किटी पार्टी में भी दिया करेगी।

नया संविधान

आज गणतंत्र दिवस था। घर के सभी सदस्य अपने –अपने समयानुसार अपने स्थानों पर गणतंत्र दिवस मनाने चले गए थे।

सुविधा सुबह से अनमनी थी। अपने नाम के अनुसार वह जैसे सबके लिए सुविधा मात्र बन कर रह गई थी।

घर का हर सदस्य उन पर अपना आदेश चलाना जैसे अपना जन्मसिद्ध अधिकार समझने लगा था। जिसके मन का न होता वही दहाड़ने लगता और पूरे घर को सिर पर उठा लेता। क्या कह रहा है, किससे कह रहा है यह सोचने का तो उस समय प्रश्न ही नहीं होता।

सबके अनुसार कार्य करती सुविधा। अपनी सारी परेशानियों को नजरअंदाज करते हुए अपनी जिम्मेदारियाँ निभाती, पर घर के लोगों को तो जैसे कमियाँ निकालने की आदत पड़ गई थी। खुश होना जैसे सीखा ही नहीं था।

पर आज तो जैसे हद ही हो गई जब बड़ा बेटा उन्हें आलसी और निकम्मेपन की उपाधि से विभूषित करते हुए निकल गया। छोटा हाथ हिलाते हुए मुस्करा कर निकल लिया। बहुएँ भी कुछ कमी न करती।

आज जैसे ही घर के सब लोग लौटे तो सुविधा ने बड़े हॉल में सबको एकत्रित होने को कहा। आते ही सुविधा ने कहना शुरू किया... "आज देश का संविधान बना था, इसीलिए अपने घर का संविधान बदल कर नया संविधान लिखने का आज से अच्छा और शुभ दिन नहीं हो सकता।"

"आखिर तुम क्या कहना चाहती हो माँ?"

" बता रही हूँ, थोड़ा धैर्य रखो। घर में तुम्हारे पिता से लेकर बेटों–बहुओं तक सभी बड़े और समझदार हैं। अपने काम अपने आप कर सकते हैं। आज से तुम लोगों के प्रति मैं अपनी सभी जिम्मेदारियाँ छोड़ती हूँ। सब अपना काम अपने अनुसार करने के लिए स्वतंत्र हैं और मैं भी। अपने स्वास्थ्य, मन और रुचि के अनुसार मुझे क्या खाना और करना है वह मैं तुम सब लोगों की तरह आज से खुद ही सोचूँगी और करूँगी और तुम सब लोग अपना करोगे। समझ लो आज से इस घर का नया संविधान लिखा गया।"

सबके मुँह आश्चर्य से खुले के खुले रह गए।

पहचान

अनन्या हुनरों की खान थी। जो कुछ भी करती धड़-फड़ में उल्टा-सीधा करके छुट्टी पा लेती। इसी कारण किसी भी काम में उसे किसी की भी प्रशंसा प्राप्त न होती।

अपनी बचपन की सहेली के घर में जब उसने उसे अपने कार्यों में अतिव्यस्त देखा, उसके घर में सजी ट्रॉफियों को देख वह उनके आकर्षण से खिंचती चली जा रही थी और वह सोचने को विवश हो गई कि कक्षाओं में सदा पीछे बैठने वाली, पढ़ने में भी औसत और आज उसका यह रूप!

अब तो दिन-रात अनन्या का आत्मविश्लेषण चलने लगा और उसने यह पाया कि उसने अपनी रुचियों को पहचाना तो नहीं, समय भी नहीं दिया और मन लगा कर कोई काम भी कभी नहीं किया। सारा खाली समय तो वह लोगों की ताक-झाँक करने में बिता देती थी।

घर में आए अतिथि जब उसके बनाए खाने की प्रशंसा करते, बच्चों के लिए लिखे प्रोजेक्ट पर जब बच्चे पुरस्कार पा कर उसे सराहते तो वह उसे साधारण सी बात समझती थी, पर अब उसे समझ आया कि ये तो उसके मनचाहे काम थे जिन्हें वह केवल कर्तव्य समझ कर करती थी।

अब तो अनन्या एक अलग ही अनन्या बन गई थी। वह अपनी बनाई स्वादिष्ट चीजों की फोटो खींचती, विडियो बनाती, फेसबुक पर डालती। अपने बच्चों की सहायता से यू ट्यूब पर अपने वीडीयो डालने और अपने मन के भाव डायरी में लिखने शुरू किए। फिर तो जैसे अनन्या को पँख लग गए। ताका-झाँकी तो छूट ही गई थी।

एक साहित्यिक कविता प्रतियोगिता में जब उसे वरिष्ठ कवि जितेंद्र कमल आनंद जी के हाथों प्रथम पुरस्कार, स्मृति चिह्न और व्यंजन प्रतियोगिता में द्वितीय पुरस्कार और स्मृति चिह्न कुनाल कपूर के हाथों मिला जिनकी कविताएँ वह पढ़ती और बनाए व्यंजन रूचिपूर्वक देखती और अपना कुछ मौलिक मिलाकर बनाती आ रही थी तो उसकी प्रसन्नता का पारावार नहीं था।

ट्रॉफियों के आकर्षण ने अनन्या को उसकी रुचियों का चुनाव करवा कर उसे अपनी एक पहचान दिलवा ही दी थी।

आम के आम गुठलियों के दाम

इस बार श्यामलाल जी के आम के पेड़ पर खूब आम फले। हवा–आँधी में भी बहुत गिरे, तब भी पेड़ पर काफी बच गए। तोड़ कर पड़ोसियों को बाँटे, बेटी की ससुराल भिजवाये, बेटे को दिए, पत्नी ने अचार–चटनी भी बना ली.. बेटे–बेटी को देने के लिए। जब आम पकने लगे तो मैंगो शेक और आइसक्रीम की भी खूब बहार रही।

जुलाई–अगस्त में वृक्षारोपण कार्यक्रम के तहत पौधे धड़ाधड़ लग रहे थे। श्यामलाल जी के अपने घर और ससुराल में लगे पेड़ के आमों की किस्म बहुत अच्छी थी तो उन्होंने पके आमों के प्रयोग के बाद उनकी बहुत सारी गुठलियाँ सुखाई और अपने मोहल्ले के पास जहाँ पौधे लगाये जा रहे थे वहाँ पास की बस्ती में रहने वाले बच्चों से वे गुठलियाँ लगवाईं।

अब उनमें से पौधे निकल आये हैं तो उन्हीं बच्चों को बुला कर दिखाया तो सब खुशी से नाचने लगे। उन्होंने कहा कि अब इन्हें देखने–संभालने की जिम्मेदारी भी तुम्हारी होगी और जब आम लगेंगे तो आम भी तुम्हारे होंगे।

सप्ताह में रविवार को बच्चे नियम से आते हैं, अपने एक–एक पौधे के आसपास की घास साफ करते हैं, उनके चारों तरफ बेड़ा भी बना दिया है।

श्यामलाल जी भी जब–तब देख आते हैं और सोचते रहते हैं कि जब ये पौधे वृक्ष बनेंगे और भरपूर मात्रा में आम फलेंगे, इन बच्चों को मिलेंगे तब आम के आम गुठलियों के दाम का मुहावरा सार्थक होगा।

पश्चाताप

बेटे को पिकनिक जाने के लिए मना ही तो किया था वो भी इसलिए कि पत्नी की तबियत ठीक नहीं थी और वह छुट्टी नहीं ले सकता था।

पर सुनते ही जिस तरह उसने कहा... "पैंतालिस की उम्र में ही सठिया गये हो क्या पापा! सारे दोस्त जा रहे हैं और मैं घर में बैठ जाऊँ नर्स बन कर, ये नहीं होने वाला...खुद बैठो छुट्टी लेकर।"

इस बात ने जैसे विदित को अपने अतीत में ला पटका। वह स्वयं बात-बात में अपने पापा को कितना सुना दिया करता था। सठिया गये हो आप! तो जैसे उसने अपना तकिया कलाम ही बना लिया था। हद तो तब हो गयी थी जब एक बार उसने पापा पर हाथ उठा कर पागल तक कह डाला था।

पापा एकदम चुप रह गये थे। बाद में उन्होंने केवल इतना ही कहा था कि जब खुद बेटे का बाप बनेगा तब स्वयं अक्ल ठिकाने आयेगी। उस दिन के बाद से विदित और उसके पापा के बीच संवाद लगभग ना के बराबर हुआ करता था। उसका सिर जैसे जकड़ता जा रहा था। उसे कितना दुख था, कितना सताया था पापा को, माँ को भी खून के आँसू रुलाये थे। उसी का फल आज वह भुगत रहा है। अपना कतरा-कतरा देकर नाजों से पाली गयी संतान जब अपनी दुश्मन बन जाती है उससे बढ़ कर अभिशाप तो कोई हो ही नहीं सकता। पश्चाताप की आग में वह जैसे जला जा रहा था। माँ-पिता भी जैसे इसी दुख में असमय चल बसे थे। गलती मानकर प्रायश्चित करे भी तो किससे ! अब तो जीवन भर विदित को इसी आग में जलते हुए अपने पिता को दिये दुख को अनुभव करते हुए जीना है.... सोचते हुए कब वह अपने पिता के चित्र के सम्मुख हाथ जोड़े जा खड़ा हुआ उसे पता ही नहीं चला।

प्रतीक्षा

श्याम ने हरिद्वार जाने वाली रेल के सामान्य डिब्बे में अपनी वृद्ध अम्मा को बिठाया और बोला... "तू बैठ अम्मा! मैं पानी और खाने का कुछ ले आऊँ तेरे लिए।"

तब तक रेल चल पड़ी। अम्मा चिंतित सी इधर-उधर देखती रही। अगले स्टेशन पर गाड़ी रुकी। बहुत लोग चढ़े, पर श्याम न दिखा।

उसे परेशान देख सामने की सीट पर बैठा मुस्लिम बोला... "तेरा बेटा न आने का अम्मा! वो गाड़ी पर चढ़ा ही ना, छोड़ गया तुझे!"

" पर तू चिंता न करियो अम्मा! वो छोड़ गया तो क्या? मैं हूँ न तेरा दूजा बेटा! हरिद्वार जा रहा हूँ अपने काम वास्ते, अब तू मेरी अम्मा। साथ चल रे हम साथ ही लौटेंगे।

और जब अम्मा को लेके रफीक अपने घर लौटा तो उसकी बेगम शमा अम्मा कह गले लगी तो बच्चे दादी कह लिपट गए।

इतना प्यार तो अम्मा ने अपने घर भी न पाया था। वहाँ पूरे मन से रम गई अम्मा। उधर श्याम ने झूठी खबर फैला दी थी अम्मा खो गई। अड़ोसी-पड़ोसियों ने खबर दी श्याम को... तू तो कहता था अम्मा खो गई, वो तो रफीक के घर में दिखी हमें। बेशरम! ले तो आ जाके।

लोगों की शरम कर पहुँचा श्याम रफीक के घर और पैर पकड़ दहाड़ सी मारते रोने लगा.." तू कहाँ चली गई थी अम्मा? कहाँ-कहाँ नहीं खोजा तुझे! कितनी राह देखी तेरी। अब चल घर।"

"ना रे श्याम! ना तूने मेरी राह देखी और ना मैंने तेरी। जिसने मेरी राह देखी मैं उसके साथ खुश हूँ। जिस दिन तेरी अम्मा खोई थी उसी दिन श्याम भी खो गयो। तू जा! यहाँ कोई नही तेरी अम्मा।"

"अरे रफीक! कहाँ गयो रे तू? अरी! बहुरिया! किवाड़ लगा के रखा कर। ऐरे-गैरे मुँह उठाए चले आते हैं।".... कहते हुए मोहसिन और नगमा को कहानी सुनाने उनके कमरे में चली गई।

अब उन्हें किसी की प्रतीक्षा नहीं थी।

अचानक

ड्राइविंग लाइसेंस में रक्त समूह भी लिखा जाता है इसलिए पुलक पैथोलॉजी लैब पहुँचा अपनी रिपोर्ट लेने के लिए। उसे देखते ही वहाँ का एक कार्यकर्ता बड़ी तेजी से उसकी तरफ आया तो वह घबरा गया।

अपने को किसी तरह शांत किया और पूछा कि बात क्या है? वह बोला… "दो घंटे से सामने एक वृद्ध व्यक्ति यहाँ बैठा हुआ है जिसकी पत्नी को बी पॉजिटीव रक्त की आवश्यकता है। कोई देने को तैयार नहीं। बहुत गरीब है, खाने तक का ठिकाना नहीं, ऐसे में पैसे से रक्त खरीदना यह सोच भी नहीं सकता। आपके रक्त का समूह वही है जो इसे चाहिए। अगर आप इसकी सहायता कर सकें तो इसका बहुत बड़ा काम हो जायेगा"।

सुनते ही वह उस वृद्ध के पास गया और बोला… "बाबा! बोलो कहाँ चलना है?"

अस्पताल पहुँच उसने रक्त दिया। जाते समय वृद्ध कुर्ते की जेब से तुड़े-मुड़े पचास रुपए उसे देने लगा तो उसने वृद्ध के हाथ पकड़ लिए और बोला…. "माँ के लिए कुछ करने का कर्तव्य तो मेरा भी है। आप बस उनका ध्यान रखें"… कह कर हजार रुपए उनके हाथ पर रख चला आया। वृद्ध उस अचानक अवतरित हुए भगवान को देख नि :शब्द थे।

अस्तित्व रक्षक

पति की मृत्यु के बाद तेरह दिनों के रीति कर्म का निर्वाह करते हुए कमला इतनी नहीं थकी जितना वह आने वाले रिश्तेदारों, लोगों की बातें सुन-सुन कर थक गई थी। सहानुभूति के शब्दों में उसे बेचारगी का अहसास करवाने की ओर अधिक जोर रहता। लगता जैसे ये सब ही उसके भाग्यनिर्माता बन कर तय करेंगे कि उसे अब आगे क्या करना है क्या नहीं।

रिश्तेदारों की भीड़ लौट गई थी, बेटियाँ भी पर सबकी कही बातें रह-रह कर जैसे उसके मन पर छूरियाँ चला रही थीं।

अरे!...बिना तेरहवीं किए कोई घर से बाहर नहीं निकलता। इन पर तो कोई फ़र्क ही नहीं पड़ा। सत्संग-कीर्तन का नियम वैसे ही बरकार है।

कमला सोचने लगी...ये आने वाले तथाकथित हितैषी यही तो चाहते हैं कि अब मैं उन पर निर्भर हो बेचारगी का जीवन जिऊँ और एहसान तले दबी रहूँ।

उसने सोचा... वह अपने अस्तित्व को यूँ खोने नहीं देगी। जो उसकी रुचि का काम उसे आज तक साहस देता आया है वह उसे नहीं छोड़ेगी। उसे ही करेगी और अपने मन से अपना जीवन जिएगी। अपने अस्तित्व को यूँ विलीन नहीं होने देगी।

लोगों के कहे ताने ही जैसे उसके निर्णय लेने की ताकत बन कर उसके अस्तित्व रक्षक बन कर साथ खड़े थे।

कड़वी चाय

"ये क्या पूर्वा! बाल रंगना छोड़ कर बुढ़ापा क्यों ओढ़ लिया तुमने? "कहती हुई शीला हँसने लगी।

"उम्र के अनुसार जीना-रहना गलत है क्या?"

ऐसा कब से सोचने लगी लगी पूर्वी तुम।"

"जब से तुम्हारी बातों को ध्यान से सुना मैंने"... कहती हुई पूर्वी कुर्सी खींच कर बैठ गई।

"ऐसी क्या बातें सुना दी मैंने तुम्हें?"

क्यों? हर बार आने पर तुम ही तो कहती थी कि बाल रंगो तो हर समय तनाव बना रहता है। जल्दी-जल्दी बाल धोओ तो रंग निकलने लगता है न धोओ तो खुजली होने लगती है और धोते समय भी डर लगा रहता है कहीं रंग आँखों-कानों में न चला जाए। तो इस सारे तनाव से मैंने तो मुक्ति पा ली।

" पर सज-संवर कर भी तो रहना चाहिए।"

सही कहा तुमने शीला! इसीलिए तो अपनी उम्र के अनुसार सजती-संवरती हूँ, मन का करती हूँ और तनाव मुक्त जीवन जीती हूँ। यह आध्यात्मिक दौलत मुझे शीला तुम्हारी बातों से ही मिली है। मैं तो जीवन भर आभारी रहूँगी तुम्हारी।

चाय पीते हुए पूर्वा निश्चिन्त थी पर शीला को मीठी चाय भी कड़वी लग रही थी।

जलकुकड़े

रेत से खेला तो जा सकता है बेटा, पर रेत के महल नहीं बना करते....आज रह–रह कर अमोल को अपने सम्बन्धियों की कही यह बात याद आ रही

जब भी वह कोई नया काम करता तो सब उसे ऐसे देखते जैसे वह कोई अपराध कर रहा है। पूछाताछी और जासूसी का दौर चल पड़ता। उनके लिए तो वह उदंड, जिद्दी, शैतान और कहना न मानने वाला बच्चा था बस।

तथाकथित अपनों के इसी दोहरे ईर्ष्यालु व्यवहार ने जैसे उसमें यह कूट–कूट कर भर दिया था कि तुम मुझे जितना निम्न स्तर का आँकते रहोगे उतने ही काम के नए रास्ते मेरे लिए बनते जाएँगे जिन पर चल कर मैं सफलता की नयी परिभाषा लिखता रहूँगा।

आज अपनी सूझबूझ, प्रबंधन और शक्ति से वह अपने पिता को यमराज से भी वापस ले आया था। उसने दिखा दिया था कि रेत के महल तो नहीं बना करते पर यदि ठान ले कोई तो विश्वास, धैर्य, संकल्प, दृढ़ इच्छाशक्ति से उसी रेत में सीमेंट, बजरी और पानी मिला कर बहुत कुछ बनाया जा सकता है।

आने वाला कल

अपना कल लता ने पति और बच्चों के लिए समर्पित कर दिया था। उसकी दुनिया जैसे इन्हीं के इर्द-गिर्द सिमट कर रह गई थी।

जब लम्बी बीमारी ने पति को उससे छीना तब भी वह मजबूती से खड़ी रही और बच्चों को भी संभाला। पढ़ाई-लिखाई से लेकर उनके पैरों पर खड़े होने तक अपना आराम तक नहीं देखा।

समय पर दोनों बच्चों के विवाह जहाँ उन्होंने चाहे वहाँ खुशी-खुशी किए। अपने-अपने परिवारों, बच्चों में इस कदर मगन हुए की अपनी माँ तक को भूल गए। घर में काम करने के लिए माँ, बच्चों को संभालने के लिए माँ, आए-गए मेहमानों के लिए चाय-खाना बनाने के लिए माँ, घर के अंदर घुटने के लिए माँऔर घूमने-फिरने, आराम करने, घर-बाहर खाने-घूमने का आनंद लेने के लिए बेटा-बहू और बच्चे।उनकी दुनिया में माँ तो कहीं थी ही नहीं। वह तो काम वाली बाई से भी गई गुजरी हो गई थी जिसे एक दिन की भी छुट्टी नहीं।

नहीं..वह अपना आने वाला कल इन पर बलिदान नहीं करेगी। अपनी पड़ोसिन के यहाँ काम करने वाली को बुला कर उसने झाड़ू-पोंछा, बर्तन का स्वयं तय किया, एक खाना बनाने वाला रखा। बेटे-बहू को इस बारे में बता कर कहा की दोनों की तनख़्वाह वे ही देंगे।

अब लता पूर्णतया निश्चिंत थी। उसने तय कर लिया था की आने वाला स्वर्णिम कल उसके द्वार पर आवाज दे रहा है तो वह उसे कैसे अपने लिए सँवारेगी।

आज सुबह बालकनी में बैठ कर चाय पीते हुए उदित होते सूर्य को देखना उसे एक नयी ताजगी दे रहा था।

चुप नहीं रहूँगी

विधि दो साल की हो गई थी तो कृषि और सुगम ने अपने परिवार को पूर्ण करने का निर्णय लिया ताकि विधि को भाई या बहन का साथ मिले।

अंतत: वो दिन भी आया जब कृषि ने सुगम को बताया कि वो फिर से माँ बनने वाली है। दोनों की प्रसन्नता का कोई ओर-छोर न था। विधि को साथ मिलेगा, तब वो ऐसा करेगी, वैसा करेगी, यह कहेगी, वह कहेगी इसी कल्पना में मगन रहते।

कृषि और सुगम ने जब माँ को बताया तो वह प्रसन्न तो हुई पर थोड़ी अनमनी सी लगी। दोनों ने सोचा शायद माँ की तबियत थोड़ी ठीक नहीं है इसलिए ऐसा लगा उन्हें, पर बात वो नहीं थी।

घुमा-फिरा कर माँ ने हर समय एक ही बात की रट लगा दी कि वह जाँच करवाने के लिए उसे अपनी परिचित डॉक्टर के पास लेकर जायेंगी। कृषि ने सुगम को बताया तो उसने कहा चिंता की कोई बात नहीं। ऐसा कुछ नहीं होने वाला।

पर माँ ने तो आज उसे लेकर जाने की ठान ही ली थी। अब कृषि ने सोच लिया था कि चुप रहने से काम चलने वाला नहीं।

माँ की नवरात्रों के प्रति, कन्या जिमाई के प्रति आस्था से वह बखूबी परिचित थी। उसने सोच लिया था आज इस बात को खत्म करके रहेगी

माँ जैसे ही तैयार होकर आई और चलने के लिए कहा तो कृषि ने तुरंत कहा..."माँ यदि आप सदा के लिए नवरात्रि के व्रत और कन्या जिमाना छोड़ देने का वादा मुझसे करें तो मैं आपके साथ चलूँगी"

"ऐसे कैसे मैं तुमसे वादा कर लूँ?"

यदि बेटी होगी तो उसकी भ्रूण हत्या करके मैं कन्या तो कभी आपको जिमाने नहीं दूँगी।"

माँ को लगा कि जैसे साक्षात् दुर्गा उनके सामने खड़ी होकर आदेश दे रही है। उन्होंने कृषि के सिर पर हाथ फेरा और उसके लिए दूध लाने रसोई में चली गई।

जन्मदिन

"दादी! आप कहीं जा रहीं हैं क्या?"

"हाँ मेरे बेटू! आज विश्व पुस्तक दिवस है न, तो उसी के एक कार्यक्रम में जा रही हूँ।"

"पुस्तक तो समझ आई दादी! पर दिवस माने?

"दिवस माने... तो बेटू! तुम यह समझ लो आज पुस्तक का जन्मदिन है।"

"तो वहाँ क्या- क्या होगा दादी?"

"बहुत से लोग आयेंगे, पुस्तकों के बारे में, पढ़ने के बारे में, उन्हें ठीक से रखने के बारे में बतायेंगे।"

"तब तो दादी! मैं भी आज पुस्तक का जन्मदिन मनाऊँगा। अपने दोस्तों को बुलाऊँगा। तब तुम उन्हें भी पुस्तकों के बारे में बताना।"

"ठीक है बेटू! तुम अपने दोस्तों को सात बजे आने के लिए कह कर रखना। मैं पाँच बजे जन्मदिन की तैयारी की सभी चीजें लेती हुई आऊँगी।"

चलते समय दादी अपनी बहू के कान में छोले- पूरी और हलवा बना कर रखने की बात कह कर निकल गयी।

आते समय दादी एक पुस्तक की दुकान से बाल कहानियों, कविताओं, नाटकों और देशभक्त क्रांतिकारियों की पुस्तकों के दस सेट बनवा कर लायी।

शाम को सभी बच्चे जुटे तो सबको एक जगह बैठा कर दादी ने कहना शुरू किया...."बच्चों! आज विश्व पुस्तक दिवस है...तो एक तरह से यह पुस्तक का जन्मदिन हुआ। हमारे यहाँ पहले से शुभ अवसरों पर हलवा बनाने की परम्परा चली आ रही आ रही है, इसलिए सबसे पहले हम हलवा खायेंगे। हलवा खाते हुए मैं तुम्हें और भी बातें बताऊँगी।"

बच्चों को बहुत आनंद आने लगा। "दादी! और बातें बताइये न!"

तो दादी ने बताना शुरू किया..."हमारे देश में बहुत से ज्ञानी हुए। उनका ज्ञान उनके जाने के साथ ही खत्म न हो जाये... तो उस ज्ञान को पुस्तक रूप में सहेजने की शुरुआत हुई। जगह-जगह बहुत बड़े-बड़े पुस्तकालय हैं जहाँ बहुत अच्छी पुस्तकें रखी हुई हैं।उन्हें पढ़ कर हमें अपने देश ही नहीं, दूसरे देशों के बारे में जानने को मिलता है। बच्चों के लायक पुस्तकें भी वहाँ होती हैं।"

"दादी! आपकी भी तो पुस्तकों की चार अलमारियाँ हैं न!"

तब तक बहू-बेटे ने मिल कर सब बच्चों के लिए छोले-पूरी मेज पर लगा दिये।

खाते हुए दादी और भी बहुत सी अच्छी-अच्छी बातें बच्चों को बताती रही। चलते समय दादी ने सभी बच्चों को पुस्तकों का एक-एक सैट उपहार में दिया।

"बच्चों! गर्मी की छुट्टियों में इन्हें पढ़ना और फिर आकर मुझे सुनना।"

"जी दादी! अगली बार हम भी पुस्तक का जन्मदिन मनायेंगे और आपको बुलायेंगे।".... कहते हुए बच्चे खुशी से चिल्लाते हुए निकले।

दादी ने आज खेल-खेल में अपनी विवेकपूर्ण बातों से बच्चों को अपनी संस्कृति से परिचित करवाया... यह देख कर बहू को उन पर बहुत गर्व हो रहा था।

डा० सरला सिंह "स्निग्धा"

रचनाकार परिचय

पिता - स्व.श्री बासुदेव सिंह

माता - स्व.श्रीमती कैलाश देवी

पति - श्री राजेश्वर सिंह

शिक्षा - एम.ए. हिंदी,बी.एड., पी-एच. डी.

सम्प्रति - दिल्ली के उच्चतम विद्यालय में हिन्दी प्रवक्ता ।

लेखन विधा - कविता, ग़ज़ल, सजल, नवगीत, कुंडलिया, दोहे ,अतुकान्त, कहानी, लघुकथा, संस्मरण आदि ।

गतिविधियाँ - 1. साठ से अधिक साझा काव्य संकलन/लघुकथा/कहानी संग्रह में रचनाएँ/लघुकथाएँ प्रकाशित

2. विभिन्न काव्य सम्मेलनों एवं काव्य गोष्ठियों में भागेदारी ।

3. विभिन्न राष्ट्रीय एवं अंतर्राष्ट्रीय पत्र-पत्रिकाओं में सौ से अधिक रचनाएँ प्रकाशित

4. यू-ट्यूब चैनेल पर रचनाएँ प्रसारित

6. एकल पुस्तकें -- 1-जीवन -पथ 2- आशा दीप काव्य संग्रह। 3-जीवन का समर , 4-सतरंगी दुनिया कहानी संग्रह

5- "आधुनिक पौराणिक प्रबंध काव्यों में पात्रों का चरित्र विकास "-- शोधप्रबंध

6- स्निग्धा के दोहे 7- सरला की गीतिका 8- सरला की कुंडलियां 9- मेरे नवगीत

सम्मान - लगभग सत्तर साहित्यिक/सामाजिक सम्मान प्राप्त

मोबाइल - 9650407240

कटहल

राम प्रसाद जी का परिवार बनारस शहर के प्रसिद्ध रामघाट पर गंगा जी के किनारे स्थित पक्का महाल सिंधिया हाउस के पुरानी हवेली के दो कमरों में किराए पर रहते था। उनके परिवार में पत्नी बेटा, बहू तथा छोटा नाती कुल पांच लोगों का परिवार था। उस समय लोगों में बहुत एकता, प्रेम, भाईचारा व अपनापन हुआ करता था। पूरा ही मोहल्ला एक हुआ करता था। मतलब यह की मोहल्ले की बेटी सबकी ही बेटी जैसी होती थी और मोहल्ले की बहू सबकी बहू मानी जाती थी। राम प्रसाद की बहू भी हवेली में रहने वाले सभी लोगों के लिए बहू समान थी और उनकी बहू रत्ना भी सबको वैसा ही आदर देती जैसा वह अपने सास और ससुर का करती थी। वह बहुत ही अच्छी थी सूरत से भी और सीरत से भी।

रत्ना के दो बेटे थे। बड़ा वाला अपने ननिहाल में रहकर पढ़ाई कर रहा था तथा छोटा बेटा उसके साथ ही रहता था। वह वहां के एक प्रसिद्ध जाने-माने विद्यालय में चौथी कक्षा में पढ़ रहा था। विद्यालय आने जाने के लिए बस की व्यवस्था थी। बस उनके घर से कुछ दूरी पर उतारती थी जहां से चार पांच बच्चे मिलकर गलियों को पार करते अपने आप अपने-अपने घर आ जाते थे।

बनारस में घाट के किनारे किनारे करीब एक हज़ार सालों से रजवाड़े खानदानों की कई हवेलियां और धर्मशालाएं बनी हुई हैं जैसे कि भोसले हाउस, सिंह हाउस, होल्कर हॉउस इस तरह और आज भी बड़ी बड़ी धर्मशालाएं हैं। इन धर्मशालाओं में तरह-तरह के फलों के पेड़ हैं और पानी की भी व्यवस्था है...यहां रहने की भी अच्छी व्यवस्था है। उन्ही में से एक धर्मशाला पड़ती थी जिसका नाम था अहिल्याबाई होल्कर हाउस और धर्मशाला। इसमें ठंडे पानी की भी व्यवस्था थी। बच्चे बस से उतरकर पहले ठंडा पानी पीते फिर गलियों में से होते हुए अपने घर चले जाते थे।

एक दिन बच्चे पानी पी रहे थे कि उनमें से एक की नजर धर्मशाला में लगे कटहल के पेड़ पर पड़ी। कटहल के पेड़ में उसके तने में नीचे जमीन तक कटहल ही कटहल लदे पड़े थे। बालक और बानर दोनों एक जैसे कहे गये हैं यानी दोनों ही चंचलता में समान होते हैं। एक बच्चे ने कहा, "सामने देखो कटहल के पेड़ पर कितने सारे कटहल लगे हुए हैं।" "अरे हां जमीन तक लदे पड़े हैं चलो तोड़ते है घर ले चलेंगे। यह देखकर मां बहुत खुश होंगी।" सभी बच्चों ने एक एक कटहल तोड़कर अपने अपने बैग में रख लिया और सब घर चले गए। उन्हीं पांच बच्चों में रत्ना का बेटा अंकुश भी था। वैसे तो उसके स्कूल से आने के बाद रत्ना रोज उसका बैग देखती थी कि अभी वह बच्चा है, उसके बैग में गलती से भी किसी की कोई वस्तु तो नहीं आ गई। पर आज तो इसका

उल्टा हुआ। अंकुश ने अपने आप बैग मां के सामने कर दिया,"मम्मी देखो आज मैं क्या ले आया हूं?"यह कहते-कहते उसने कटहल मां के सामने कर दिया। कटहल देखकर मां आवाक रह गई। उसने पूछा, "बेटा कहां मिला यह ?"बच्चे ने सबकुछ ज्यों का त्यों बता दिया। रत्ना ने उस समय बच्चे को कुछ नहीं कहा। यूनिफॉर्म बदलवाया, खाना खिलाया फिर बोली, "अब कटहल बैग में रखो और मेरे साथ वहां चलो जहां से इसे तोड़ा है।" "जी मम्मी!" कहकर अंकुश ने ठीक वैसा ही किया जैसा मां ने आदेश दिया। उसको अभी कुछ भी समझ में नहीं आ रहा था की उसकी मां करना क्या चाहती हैं?

दोपहर की सख्त चिलचिलाती धूप की परवाह किए बिना रत्ना ने अपने सिर पर पल्लू रखा और बेटे का हाथ पकड़ कर वहां चल दी जहां से वह कटहल तोड़कर ले आया था। रत्ना की आदत कहीं बाहर जाने की नहीं थी। वह घर से बाहर शायद ही कभी निकलती हो इस कारण उसे वहां के किसी भी जगह का पता नहीं था। पर इन सब की परवाह किए बिना अहिल्या बाई धर्मशाला पूछते हुए चल दीं।उसका बेटा अंकुश ही उसे उस धर्मशाला तक ले आया। वहां पहुंचने पर उसे देखकर के वहां का मैनेजर तुरंत ही बाहर निकल आया.. लग रहा था मानों उसे जानता हो, और बोला, "जी भाभी जी आप कैसे यहां तक आयीं?" रत्ना ने बेटे की ओर देखकर कहा,"बेटे कटहल निकाल कर अंकल जी को दो और बताओ कि तुम उसे यहां से तोड़ कर ले गये थे।" बच्चे ने वैसा ही किया। उसे अब बहुत शर्म सी लग रही थी। जब बच्चे ने कटहल दे दिया तब फिर बोली," बेटे अब अंकल से सॉरी बोलो और कहो की अब तुम कभी भी ऐसा नहीं करोगे!" बेटे ने फिर वैसा ही किया। उसकी आंखों में आंसू भर आया था, उसे पता चल गया था किउसने वहां से कटहल तोड़कर सही काम नहीं किया है।मैनेजर ने कटहल वापस देते हुए कहा, "कोई बात नहीं भाभीजी आप इसे अपने घर ले जाइए और कोफ्ते बना लीजिएगा।"मगर रत्ना ने उसे लेने से मना कर दिया। वह बोली, "भाई साहब अगर आज मैं इसे ले लूंगी तो आगे चलकर यह चोर बन जायेगा।"शाम को यह सारी बात जब रामप्रसाद जी ने सुनी तो रत्ना के लिए उनके मन में गर्व के भाव जाग उठे। उन्होंने पहले बच्चे को अपने पास बुलाकर समझाया, "बेटा किसी की भी कोई भी वस्तु नहीं लेनी चाहिए। बिना पूछे यदि हम किसी की चीज लेते हैं तो उसे चोरी कहा जाता है। "बच्चे ने आइन्दा किसी की भी चीज न लेने का वादा किया। फिर उन्होंने रत्ना को बुलाया और उसके सिर पर हाथ फेरते हुए कहा,"बहू मां हो तो तुम्हारी जैसी। अगर सभी माताएं ऐसी ही हो जायें तो पूरा समाज ही सुधर जाए।"यही नहीं वहां पर मौजूद सभी लोग रत्ना के आदर्शवादी चरित्र की दिल से तारीफ कर रहे थे।

रिश्ते

इस दुनिया में कई बार बड़े अजीब रिश्ते देखने के लिए मिल जाते हैं....जिनको लोग बड़े जतन से सहेजते हैं एक छोटी सी बात को लेकर उन्ही रिश्तों के प्रति कितने कठोर हो जाते हैं कि कभी कभी अविश्वसनीय सा लगता था। लोग गैरों के बारे में सोच सकते है की वे गलत कर सकते हैं किन्तु अपने सगे रिश्तों से बहुत ही कम उम्मीद करते हैं की वे उनके प्रति गलत हो सकते हैं ।

"कभी कभी हम लोगों के पास एक वक्त का खाना भी नहीं होता था कभी माँ एक ब्रेड थमा देती कभी दो बिस्किट देकर पानी पीकर सो जाने के लिए आग्रह करतीं थीं। घर में सब कुछ तो था पर सगी दादी ने ही रसोईघर में ही ताला लगा रखा था।"कहते कहते सचिन की आँखें डबडबा गयीं थीं और मैने उसके कंधे पर सांत्वना के लिए अपना हाथ रख दिया।

आखिर अपनी ही दादी ने ऐसा क्यों किया होगा होगा? मुझे अपना बचपन याद आता है कि माँ और दादी में कितना भी भयंकर वाग्युद्ध क्यों ना हुआ हो दादी हम लोगों से कभी नाराज नहीं होती थी। अपनी थाली में खिलाना अपने ही बिस्तर पर लिटाना और तब तक सिर सहलाना जब तक सो ना जाऊँ। अपने साथ ही लेकर घूमने भी चल देती थीं। माँ बड़बड़ बड़बड़ करती ही रहतीं। पड़ोसियों से भी शिकायत भी कर आतीं ,"माँ जी ने मेरी बेटी को अपने वश में कर रखा है, मेरी बात तो वह सुनती ही नहीं। मैं कितना भी मना करूँ वह उन्हीं से चिपकी रहती है। "पड़ोसी यानी दादी भी अच्छी थीं वे माँ को बड़े प्यार से समझाती ,"क्या हुआ वह उनकी भी तो पोती है।उन्हें भी अपनी नातिन से उतना ही प्यार है जितना की तुम्हें है। सीधी सी बात आपस की लड़ाई में तुम बच्चों को क्यों घसीटती हो ?" बहुत सारे लोग ऐसे भी होते है जो दूसरों के घर में कलह करवाकर चैन पाया करते हैं। पास के एक परिवार में यही तो हुआ। उनका बेटा बेचारा बाहर छोटी मोटी नौकरी कर रहा था। वह शहर में अपना ही पेट ठीक से नहीं पाल पा रहा था घर पर रुपये कहाँ से भेजता? माँ बाप को यह लगता था की उनका बेटा बहुत कमाता है, परन्तु बहू नहीं देने देती।

"क्या करूँ मेरा बेटा जब से शहर गया है एक पैसा भी घर में नहीं दे रहा है?"बन्नो ने अपनी पड़ोसन से कहा।

"अरे बहन बहूरानी नहीं देने देती होगी। "पड़ोसन बोली।

"हाँ मुझे भी यही लगता है।"बन्नो जी सुबकते हुए बोली।

उनका पारा धीरे धीरे चढ़ता ही जा रहा था, बस घर आने के बाद उन्होंने रसोईघर में ताला ही

जड़ दिया। बेचारी बहू अपने दो बच्चों के साथ अलग थलग पड़ गयी थी।

"माँ जी रसोई घर की चाभी दे दीजिए खाना बनाना है.."प्रीति बोली...

"रहने दे खाना बनाने को मैं बना लूँगी तू अपने और अपने बच्चों के बारे में सोंच। खाने पर हाथ भी मत लगा देना ।"

"माँ जी मुझसे क्यों नाराज हैं आखिर मैने क्या किया है?

"तू ही तो असली कर्ता धर्ता है। मेरे बेटे की सारी कमायी गड़प कर जा रही है। बहुत सीधी बनने की कोशिश मत कर। मैं तुझे जानती हूँ। "और भी न जाने क्या क्या बोलती रहीं और प्रीति बस रोती रही और सुनती रही।

बन्नो की बहू का नाम प्रीति था। उसे तिमंजिले पर चढ़कर लकड़ियों पर खाना बनाना पड़ता था। पहले पानी बर्तन अनाज सभी कुछ नीचे से छत पर ले जाना, फिर खाना बनाकर नीचे रसोईघर में लाकर रखना। तब जाकर सभी को परोसकर खिलाना। घर के सारे काम, दो छोटे देवरों को भी नहलाना धुलाना, सारे घर के कपड़े चादर आदि धोना सबकुछ प्रीति के हवाले था। बन्नो जी खाली बैठकर भगवान की पूजापाठ में लगीं रहती या चार औरतों के बीच बैठकर पूरे मोहल्ले का जायजा लेतीं।

औरतें ही औरतों की परम दुश्मन बन जाती हैं घरों में क्लेश की शुरुआत सास ननदो से ही ज्यादातर आरम्भ होता है। कही कहीं बहुएँ भी धुरंधर आ जाती है जो पूरे घर का माहौल ही बिगाड़ देती हैं। ससुर पति और देवर आदि तो कम ही होते हैं जो घर के माहौल को क्लेश पूर्ण करने वाले होते हैं।

प्रीति की सासू माँ अपने पति व बच्चों के लिए खुद खाना बनाती खाती खिलातीं और फिर रसोई घर में ताला लगा देती। प्रीति क्या करे? एक दो दिन बच्चो को बिस्किट खिलाकर तथा खुद पानी पीकर सो गयी। बच्चे चाचा बुआ दादा दादी सभी को खाना खाते देखते तो उनकी भूख और बढ़ जाती।

बुआ मुझे भी खाना दो ना..।

"जा अपनी माँ से माँग,यहाँ कोई खाना नहीं है ।"बुआ जी ने भी बच्चों को झिड़ककर भगा दिया ।

रात हो गयी माँ जी पर कोई प्रभाव नहीं पड़ा। प्रीति के पास कुछ पैसे पड़े थे उसने बड़े बेटे को भेजकर ब्रेड का पैकेट मंगाया। तीनों माँ बेटे दो दो ब्रेड खाकर पानी पीकर अपने कमरे में जाकर सो गये ।

यही रोज की कहानी होने लगी आखिर हारकर प्रीति को अपना ही घर छोड़कर एक किराये के कमरे में रहने के लिए बाध्य होना पड़ा। उसके अपने भाइयों ने कुछ दिन मदद किया फिर बड़े बेटे ने बच्चों को ट्यूशन पढ़ाना आरम्भ कर दिया। वह सुबह व शाम ट्यूशन पढ़ाता फिर देर रात अपनी पढ़ाई करता था। पिता के पास खास आय न होने के कारण वे बहुत कम ही मदद कर पाते थे। प्रीति को हमेशा यही लगता की उसके सास ससुर का व्यवहार अब ठीक हो जायेगा वे अब उन लोगों को अपने पास बुला लेंगें लेकिन नहीं... बात दिन प्रतिदिन बिगड़ती ही गयी। उनको बस यही शक था की उनका बेटा बहुत कमाता है उसके बैंक में बहुत पैसा है लेकिन उसकी बहू कुछ भी देने नहीं देती।

बच्चों को परेशानी में देखकर उसके पिता ने उन्हें अपने पास ही बुलाने का निर्णय लिया। "तुम लोग यहाँ आ जाओ जो भी परेशानी होगी हम सारे मिलकर सह लेंगे ।" वहाँ आर्थिक परेशानियों से गुजरते हुए बच्चों ने अपनी पढाई भी जारी रखी और समय प्रदत्त कठिनाइयों का सामना भी साहस के साथ करते रहे। एक छोटे से कमरे में चारों रहते। बारिश होने पर छत से पानी टपकता रहता और वे लोग ऊपर छाता लगाकर तथा नीचे मोटी पन्नी बिछाकर पानी में ही सोने के लिए मजबूर होते थे। लड़के दिनभर काम की तलाश मे भटकते और जब शाम को निराश होकर घर आते तो माँ उनका सम्बल बनकर खड़ी मिलती। "माँ आज भी काम नहीं मिला।"बड़े बेटे अजय ने भर्राई हुई आवाज में कहा।

"कोई बात नहीं बेटा आज नहीं तो कल काम मिलेगा बस तुम हारना नहीं । जो है उसमें हम सब गुजारा कर लेंगे।

आखिरकार कठिनाइयों ने भी हार मान ली और वे सफलता की ओर बढ़ चले। प्रीती के दोनों बेटों की नौकरी लग गयी। उसके पति का काम भी अच्छा चलने लगा। ईश्वर ने उनको उनकी मंजिल प्रदान कर दी। इसी समय प्रीति की सास बीमार पड़ी तो वह सारे गिले सिकवे भुलाकर उनके पास आ गयी। उसकी सेवा से वह छह माह में बहुत ठीक हो गयीं। आखिरकार प्रीति की सास ने अपनी गलती मान ली और पूरा परिवार फिर एक हो गया ।

बड़ी बहू

“अरे सुनती हो अम्मा! सोनू मोनू के लिए बड़ा अच्छा रिश्ता मिल रहा है।” राम प्रसाद जी ने मां को बड़ी प्रसन्नता से बताया। उनका एक एक अंग उनकी प्रसन्नता को प्रकट कर रहा था। मां अपनी बहू को आंख के इशारे से पास में बुलाती हुई बोली,”अरे किसने बताया है रिश्ता और दोनों ही बहनों के लिए।”

“हां अम्मा दोनों ही बहनों के लिए और सबसे अच्छी बात ये कि दोनों ही सगे भाई हैं। इण्टर तक की पढ़ाई भी किये हैं। “राम प्रसाद ने कहा।

अरे तो खेतीबारी कितनी है ये सब भी पता किये हो ? अम्मा के मन में अभी बहुत सारे प्रश्न घूम रहे थे। और राम प्रसाद जी सभी प्रश्नों का समाधान करते जा रहे थे।

दो चार रिश्तेदारों से सलाह मशविरा करने के बाद दोनों ही बहनों की शादी एक ही मंडप में कर दिया गया। अच्छा घर-बार परिवार सभी पाकर दोनो बहनें भी खुश थीं।अब दोनों बहनें देवरानी और जेठानी की भी भूमिका निभा रही थीं। दोनों ने बड़ी ही समझदारी से घर के काम काज को भी संभाल लिया ।बड़ों का सम्मान करना ,उनकी सेवा करना तो उनके रग रग में बसा हुआ था ।घर के सारे काम को काज को ऐसी फुर्ती से मिलकर निबटातीं की सास ननद उनकी तारीफ करते अघाती न थीं। गांव की कुछ औरतें यह देखकर जल-भुन जातीं पर मजाल क्या की दोनों बहनें कभी भी आपस में अनबन करतीं।

धीरे-धीरे समय पंख लगाकर उड़ रहा था बड़ी बहन को दो बेटे और चार बेटियां हो गयीं छोटी को तीन बेटे और एक बेटी। लोगों ने छोटी को सिखाया,”तेरे तो एक ही बेटी है वह भी सबसे छोटी है। तेरा आदमी मेहनत करके जो कमायेगा सब तेरी दीदी की लड़कियों की शादी में ही लग जायेगा।”

“तो मैं क्या करूं अम्मा ?”छोटी ने बड़े ही भोलेपन से कहा। अरी बेवकूफ !अगर तुम अपनी जेठानी से अलग रहोगी तो अपनी बेटी की शादी के लिए जाने कितना इकट्ठा कर सकती हो। इकट्ठा रह कर बस उनकी बेटियों को साजती रहना।

“तो क्या हो गया वे भी तो मेरी ही बेटियां हैं।”कहकर छोटी वहां से हट गयी। पड़ोसन की बातों ने छोटी के दिल दिमाग पर असर दिखा ही दिया था ।वह अकेले में अक्सर यही सोचती की मैं तो दीदी के बराबर की हिस्सेदार हूं और जितने में बड़ी दी की तीन बेटियां ब्याही जायेंगी उतना मैं अपनी एक बेटी को अकेले ही दे सकती हूं। धीरे-धीरे इन सभी संकुचित विचारों ने उग्र रूप धारण

कर लिया और घर दो हिस्सों में बंट गया।अब पड़ोसियों के आनन्द की सीमा ही न रही की सबसे आदर्श कहलाने वाले घर में आखिर में बंटवारा हो ही गया।

घर का बंटवारा भले ही हो गया था पर दोनों भाईयों के बीच में प्यार वैसा का वैसा ही था। बाहर के सभी काम दोनों मिलकर ही किया करते थे। घर के अन्दर अब दो दो रसोईघर बन गये थे। लेकिन बर्तन धोने, नहाने व कपड़ा धोने का काम एक ही जगह पर होता था। आपसी समझ से दोनों बहनों ने समय निर्धारित कर दिया था और उसका पालन घर की लड़कियां बखूबी निभाती भी थीं।

इसी बीच बड़ी बहन के बेटे की शादी हुई घर में सभी ने मिलकर खूब धूमधाम से नयी बहू का स्वागत किया गया। बड़ी यानी नयी बहू की सासू मां को अपनी एम.ए. पास शहर से आती बहू से केवल एक ही डर सता रहा था कि वह घर के काम कर पायेगी या नहीं अन्य लोगों से वह सामंजस्य स्थापित कर सकेगी या नहीं और भी जाने क्या क्या। सुबह भोर में बहू को उठाकर बोली,"बहू सुबह जल्दी उठकर बाहर जाना है तथा आकर नहा धोकर घर के काम में थोड़ा सा हाथ बंटा देना। तुम्हारी ननदें तुम्हारे साथ में होंगी।

"जी मां जी" कहकर नई बहू रूपा ने सारे ही काम अपनी सास के मनमुताबिक निपटा दिए। सास की तो खुशी का वारा-न्यारा ही नहीं था। शहर की लड़की गांव के सारे काम हंस-हंस कर निपटा लें रही है। एक दिन गलती से बहू ने नहाने का साबुन पनारे पर ही छोड़ दिया। यह देखकर छोटी मौसी का गुस्सा सातवें आसमान पर जा पहुंचा, "पता नहीं किस शहर से पढ़ी-लिखी आती हैं,कह दो उनसे नहाकर पनारा साफ कर दिया करें,जरा भी शर्म नहीं है साबुन वहीं छोड़कर आयी हैं।" यह सुनकर बड़ी की गुस्सा छोटी से भी दस गुना बढ़ गया। आखिर उनकी प्रिय व नयी नवेली बहू को कोई कुछ कैसे कह सकता है। उन्होंने आंगन में आकर घोषणा कर दी,"आज से इस पनारे पर मेरे यहां का कोई भी काम नहीं होगा।" फिर लपक कर बहू के पास पहुंची ,"बहू मैं बाहर मड़ई में सारी व्यवस्था कर दूंगी । वहीं नहाना धोना, बर्तन -कपड़ा धोना होगा। वहीं खाना बनाने की व्यवस्था भी कर दूंगी। अब तुम बताओ ये सब कर लोगी ना! "हां, हां माजी आप चिंता न करें, मैं सभी काम कर लूंगी। अब बहूरानी घर से निकल कर मड़ई में जातीं , वहां सारे काम करके फिर घर में आ जाती।यह सब देख देखकर गांव की औरतें बहू की तारीफ करतीं और छोटी सांस की जमकर नमक मिर्च लगाकर बुराई करती। छोटी को भी यह सब अच्छा नहीं लग रहा था ,वह तो पता नहीं गुस्से में बहू को कैसे बोल गयी वे खुद ही मन-ही-मन पछताती रहती थीं। उनको समझ में नहीं आ रहा था कि वह करता करें की सारा मामला सुलझ जाए।

एक दिन सुबह-सुबह बहू नहाने के कपड़े लेकर बाहर निकल रही थी कि सामने से छोटी सास यानी मौसी जी सामने पड़ गयीं। बहू ने तुरंत झुक कर छोटी मौसी के पैर छू लिए ।छोटी की खुशी का कोई ठिकाना ही नहीं रहा। उन्होंने बहू को हजारों आशीर्वाद दे डाले। यह सब बड़ी देख रही थी। उनको समझ में आ गया कि यह शहरी बहू घर को जोड़ कर रखेगी ।मन ही मन वे बहुत खुश हुई।

दूसरे दिन छोटी रानी मौसी गुड़ और दही लेकर मड़ई में जा पहुंची। वहीं बड़ी बहन यानी बड़ी के पैरों को आंचल से छुआ। बड़ी ने जब से उसे बहू को आशीर्वाद देते देखा था उनके मन का कलुष धुल चुका था। उन्होंने छोटी को जी भर कर आशीर्वाद दिया। छोटी ने आंख में आंसू भरकर कहा ,"दीदी हम लोग मायके में भी तो लड़ते थे तब तुम हमेशा मुझे माफ़ कर देती थी और पहले मुझे मनाती थी ।अब करता माफ नहीं करोगी।" बड़ी ने छोटी के सिर पर हाथ फिराते हुए कहा , क्यों नहीं ,तू तो मेरी वही प्यारी छोटी बहन है।"

छोटी ने गुड़ और दही देते हुए कहा दीदी यह बहू के लिए लायी हूं ।" बड़ी ने गुड़ और दही लें लिया और फिर बहू को आवाज लगाई,"अरे बहू जो आज गुलगुले बनाई हो ले आओ अपनी मौसी को खिलाओ,लोटे में पानी भी ले लाना।"

बहू ने गुलगुले और पानी लाकर सामने रखा और फिर मौसी के पैर छूने लगी। मौसी ने पहले खूब आशीर्वाद दिया फिर बोलीं ,"दीदी मैं ये गुलगुले तब खाऊंगी जब यह वादा करो की अब बहूरानी यहां बाहर मंड़ई में आकर काम नहीं करेंगी।अब पहले जैसे ही घर के अन्दर पनारे पर काम करेंगी। बड़ी ने जब हामी भरी तब जाकर उन्होंने गुलगुले खाये।

उसी समय बड़ी के देवर यानी छोटी मौसी के पति भी आ गये। उन्होंने सारी बातें सुन ली थी। उन्होंने गुलगुले उठाते हुए कहा,"और हां सुनो भाभी! पनारे को साफ करने की रोज की ही जिम्मेदारी मैं लेता हूं।"सभी खिलखिलाकर हंस पड़े। घर में एक बार फिर से खुशियों का चमन खिल उठा था।

दरकते रिश्ते

आगरा में बड़ा सा मकान, पति ठेकेदार तथा बेटा प्राइवेट कम्पनी में लगा हुआ था। मकान वैसे तो सविता के पिताजी का था पर अब वही उसकी मालकिन थी। उसके पिता जी ने अपनी दोनों बेटियों में अपने जायदाद का बंटवारा इस तरह किया था की आगे चलकर दोनों के मध्य कोई भी मतभेद न आ सके। गांव की सारी खेती और मकान बड़ी बेटी को तथा शहर का मकान तथा बैंक की जमा पूंजी छोटी बेटी के नाम कर दिया था। हां इतना जरूर था कि हर माह मिलने वाली पेंशन को वे किसी को भी नहीं देते थे। दोनों बहनें इस बंटवारे से बहुत खुश थीं। माता-पिता के सेवा की भी जिम्मेदारी भी बराबर-बराबर बंटा हुआ था। छः माह वे लोग शहर में रहते तथा छः माह दूसरी बेटी के पास गांव में।

सविता ने अपने ही मायके के चचेरे भाई की बेटी शिखा को अपने बेटे के लिए पसंद किया था। शिखा सुन्दर होने के साथ-साथ गुणी भी बहुत थी। विवाह के बाद उसने पूरे घर की सारी जिम्मेदारी बहुत ही अच्छे ढंग से संभाल लिया था। जल्दी ही वह तीन बेटों की मां भी बन गयी। नाती पाकर सविता व उनके पति तथा पिता व मां सभी निहाल हो गए। घर में खुशियां ही खुशियां दिखाई देती थी। शिखा का पति भी उसे बहुत प्यार करता था। सविता की बड़ी बेटी व दामाद भी ज्यादातर वहां आया करते थे।

शिखा बड़ी ही लगन और विनम्रता के साथ सबकी ही सेवा में लगी रहती थी। नाना जी यानी सविता के पिताजी शिखा के सेवा भाव से बहुत ही प्रभावित थे। जिस घर में शादी शुदा बेटियां ज्यादा ही अधिकार जमाने लगती हैं उस घर का टूटना लगभग निश्चित हो जाता है। बेटियां अगर ससुराल पक्ष से सम्पन्न हों तो उनको मायके की सम्पत्ति के लिए लोभ नहीं करना चाहिए। माताएं भी बेटे बहू से अधिक बेटियों के लिए ज्यादा ही प्रेम प्रदर्शित करती हैं। उनका वश चले तो अपनी बेटी को मायके का ईंट पत्थर मिट्टी सबकुछ भरकर दे दें। यह भी सास-बहू के मध्य मनमुटाव का एक बहुत बड़ा कारण होता है।

शिखा में सेवा भाव की जरा भी कमी नहीं थी उसने अपनी सास के पिताजी की भी उस समय बहुत ही लगन से सेवा की जब वे 90 वर्ष की अवस्था में बिस्तर पर पड़े हुए थे। करीब पांच साल वे बिस्तर पर ही थे। उनकी सेवा न तो उनकी अपनी बेटी ही करती थी और न ही नाती और नातिन। सभी केवल ज़बान से ही प्यार का प्रदर्शन किया करते थे। शिखा को भी घर में इसी कारण ज्यादा इज्जत मिलती थी कि वह घर के काम के साथ ही साथ नाना जी की देखभाल भी

लगन से कर रही थी। शिखा के सेवा भाव से प्रभावित होकर नाना जी ने यानी उसकी सास के पिता जी ने अपनी पांच लाख की एफडी शिखा को देने का एलान कर दिया। यहीं से सबके मन में खोट की भावना जन्म लेने लगी थी। जैसे ही नाना जी का देहान्त हुआ, सारा बैंक बैलेंस शिखा की सास सविता ने अपने नाम करवा लिया। पांच लाख के लिए सविता की बेटी मायरा भी आगे आ गयी। उसे भी जरूरी काम याद आ गये। शिखा ने अपनी सास से उन पैसों को अपने बच्चों के नाम करने के लिए आग्रह किया, "मम्मी जी उन पैसों को तो नाना जी ने मुझे देने का वादा किया था, आप मुझे न सही मेरे बच्चों के नाम ही उन पैसों को कर दीजिए। बच्चों का भविष्य भी सुरक्षित हो जाएगा।"

"कैसा पैसा? वे पैसे मेरे पिताजी के हैं, मैं उन पैसों का जो चाहूं करुं। तुम कौन होती हो सलाह देने वाली।"

' 'मम्मी जी, सबके सामने नाना जी ने उन पैसों को मुझे देने के लिए कहा था।' ' शिखा ने कहा "पता नहीं मुझे तो नहीं पता है, कह दिया होगा नीम-बेहोशी में। वे मेरे पैसे हैं उनके बारे में अब कभी भी बात मत करना। जाओ अपना काम करो।"

शिखा मायूस होकर वहां से हट गयी। वह अपने को ठगा हुआ सा महसूस कर रही थी। जब तक उसने नाना जी की सेवा की तब तक सभी उसकी वाहवाही कर रहे थे। सविता देवी भी अपने पिता के वायदे का समर्थन कर रही थीं। पर पिता जी के जाने के बाद उन्होंने गिरगिट की तरह रंग बदल लिया।

शिखा का पति मनीष भी एक छोटी-सी प्राइवेट नौकरी ही करता था। आनाज गांव से आ जाता था बाकी ख़र्च उसके ससुर और पति के पैसों से चलता था। पांच लाख उसके बच्चों के नाम फिक्स हो जाता तो उसे उनके भविष्य के प्रति ज्यादा परेशान नहीं होना पड़ता। वह कुछ भी समझ नहीं पा रही थी।

कुछ समय बाद शिखा की ननद जी अपने पति के साथ कुछ दिनों के लिए मायके आयीं। वे जब भी मां के पास आतीं थीं उनको कोई न कोई काम अवश्य होता था। इस बार भी वे अपनी डिमांड लेकर ही आयी हुई थीं।

"मम्मी मैं लखनऊ में एक फ्लैट ले रही हूं उसमें क़रीब तीन-चार लाख की और जरूरत है, अगर आप दे देतीं तो मेरा काम बन जाता। सबसे आखिर में आपके पास आयी हूं, इन्कार मत करना।"

"हां, हां क्यों नहीं। सबकुछ तुम्हारा ही तो है। क्यों मनीष?" सविता जी ने इसी बहाने बेटे

मनीष की सहमति भी लेनी चाही।

अरे मम्मी, जैसी आपकी मर्जी। बेटे में मां का विरोध करने का साहस ही नहीं था। जितना मां कह देती थी उसके लिए वही पत्थर की लकीर बन जाता था। वह अपने आप निर्णय लेने में सक्षम ही नहीं था।

सविता जी ने अपनी बेटी मायरा को चार लाख का चेक दे दिया। घर में सविता जी का ही बोलबाला था। उनके पति भी उनका विरोध नहीं करते थे उनकी ही हां में हां मिलाया करते थे।

शिखा को यही बात चुभ गयी कि उसकी सास ने उसके पैसे उठा कर उसकी ननद रानी को थमा दिया।अब उसने अपनी सास से अपने जेवर मांगे, उसके जेवर भी सासू मां की हिफाज़त में थे। मम्मी जी आप मेरे बक्से की चाभी दे दीजिए। कुछ सामान लेना है। सविता देवी ने उसके बक्से की चाभी थमा दी, "लो जाकर ले लो सामान। उसमें क्या रखा है, कुछ भी तो नहीं है।"

शिखा को काटो तो खून नहीं, फिर भी वह चाभी उठाकर अपने बक्से के पास पहुंची। बक्सा खोलते ही वह बेहोश होते –होते बची। बक्से में कुछ भी नहीं था केवल कुछ सस्ती सी साड़ियां ही थी बाकी मंहगी साड़ियां कपड़े और ज़ेवर कुछ भी उसमें नहीं था। मम्मी जी ये क्या कर रही हैं, मेरा सब सामान कहां है?

"तेरी मां ने चोरी कर लिया होगा, मुझे क्या मालूम तेरा सामान। बेटा देख रहा है तेरी पत्नी मुझे चोर कह रही है।" सविता देवी ने बेटे मनीष को घूरते हुए कहा।

मनीष ने अपनी पत्नी को शिखा को वहीं पर तीन चार थप्पड़ जड़ दिया मगर मां से यह नहीं पूछा कि उसका सामान कहां चला गया?

शिखा ने अपने तीन बच्चों में से दो बेटों को वहीं छोड़ दिया और सबसे छोटे दो साल के बेटे को लेकर मायके चली गई। उसने सास के जीते जी ससुराल न आने की क़सम खा ली। इधर सविता देवी इस कोशिश में हैं कि शिखा को तलाक़ दिला दें और उनके तीन बच्चों के बाप बेटे के लिए कोई अच्छा खासा दहेज वाली बहू मिल जाए।

सरोगेट मदर

चार भाई बहन में सबसे छोटी मालिनी एक गोरी चिट्टी, तीखे नैन-नक्श वाली लम्बी सी लड़की थी। पिता एक छोटे से किसान थे...बाकी बहनों की तरह उन्होंने मालिनी का विवाह भी पन्द्रह सोलह की कच्ची उम्र में ही कर दिया था। जिस लड़के से मालिनी का विवाह हुआ वह भी उस समय इण्टर कर रहा था। शादी के बाद माता-पिता ने बहुत समझाया की यदि आगे नहीं पढ़ना चाहते तो, न कुछ तो आई. टी.आई. ही कर लो पर महेश ने किसी की भी नहीं सुनी। मां बाप कब तक उसका खर्चा उठाते एक दिन उन्होंने महेश को अपने घर से बाहर निकाल दिया। उनकी सोच थी की यदि इसे बाहर निकाल देंगे तो मजबूरन कोई न कोई काम करेगा ही।

"आपने अपने बेटे को निकाल तो दिया पर सोचा भी है की वह कहां जायेगा? पड़ोस में रहने वाले रामपाल ने कृष्ण कुमार यानी महेश के पिता से कहा।

"भाई साहब इंसान को जब तक ठोकर नहीं लगती वह कहां संभलता है। इसे भी ठोकर लगना जरूरी है।" कृष्ण कुमार ने कहा।

महेश मालिनी और तीन बच्चों को लेकर दूसरे शहर चला गया। वहां अपने एक दोस्त की मदद से प्राइवेट कम्पनी में नौकरी करने लगा। जीवन दाल-रोटी के सहारे ठीक ठाक चल रहा था। तभी दुर्भाग्य ने फिर दस्तक दी और महेश की नौकरी छूट गई। महेश परेशान अब करें तो क्या करें?

उसकी पत्नी मालिनी ने समझाया भी," देखो सब कुछ ठीक हो जाएगा,आप दूसरी जगह काम देख लीजिए।"

"हां देख तो रहा हूं पर कोई भी हां नहीं कर रहा है। मकान का किराया भी बढ़ता जा रहा है।"

"मेरा कुछ सामान है उसी से काम चला लिया जायेगा तब तक आपको कहीं न कहीं काम मिल ही जायेगा।" मालिनी ने पति को दिलासा दिलाई।

कुछ माह इस तरह निकल गया महेश को काम नहीं मिला। अब वह पिता के पास वापस नहीं जाना चाहता था। एक दिन शराब के नशे में ट्रेन के चपेट में आ गया। मालिनी बिल्कुल टूट चुकी थी, उसे समझ में नहीं आ रहा था की वह करे तो क्या करे?

उसी समय एक महिला पत्रकार से उसका परिचय हुआ उसने उसे अपनी पीड़ा सुनाई। "मैडम आप मुझे कहीं कोई भी काम दिला दो कम से कम मैं अपने बच्चों को तो पाल सकूं।

" ठीक है देखती हूं कि मैं क्या कर सकती हूं। महिला पत्रकार नेहा ने जवाब दिया।

मालिनी पढ़ी–लिखी तो थी नहीं की कोई और काम मिल पाता सो बहुत पता करने पर एक अस्पताल में लॉन्ड्री वर्क की जगह ख़ाली मिली ।

मालिनी फिर नेहा के पास आयी। आओ मालिनी तुम लॉन्ड्री वर्क कर लोगी? ये क्या होता है मैम जी?

"अरे कपड़े धोने का काम, तुम्हें वहां अस्पताल के कपड़े यानी चादर, पर्दे आदि धोने सुखाने की नौकरी करनी है।" ठीक है मैम मैं कर लूंगी।

अब मालिनी अस्पताल में लॉन्ड्री वर्क की नौकरी करने लगी। इसके बदले में उसे तन्ख्वाह छः हजार रुपए मिलते। वहां काम करते करते उसका कई लोगों से परिचय भी बढा। अपनी व्यवहार कुशलता से वह सबका दिल जीत लेती लेकिन दिमाग से बहुत तेज थी। धीरे धीरे उसने एक दो अस्पतालों से और भी सम्पर्क करके दो दो शिफ्ट में लॉन्ड्री वर्क यानी कपड़े धोने का काम करने लगी। इसके साथ ही उसे घर का काम भी करना पड़ता था। वह अब सन्तुष्ट थी की वह अपने छोटे छोटे बच्चों का पेट भर सकने में सक्षम हो गयी थी।

धीरे–धीरे शहर के अन्य बड़े–बड़े प्राइवेट अस्पतालों तक उसकी जान पहचान हो गई और वेतन भी अधिक मिलने लगा। बच्चे भी अब धीरे धीरे बड़े हो रहे थे। अब खाना खाने के साथ साथ उन्हें पढ़ाने का भी खर्च चाहिए था।

उसकी दयनीय आर्थिक स्थिति के बारे में अस्पताल की डॉक्टर अभिलाषा बहुत अच्छे ढंग से जानती थीं। उसी समय उनके अस्पताल में एक करोड़ पति दम्पत्ति आया। उन्हें सरोगेट मदर की खोज थी। वे यह भी चाहते थे की जो सरोगेट मदर मिले वह स्वस्थ, सुंदर और चारित्रिक रूप से भी अच्छी हो।

डा0 अभिलाषा को जाने क्यों ऐसा लगा की अगर मालिनी को समझाया जाये तो वह इस काम को करने के लिए तैयार हो सकती है और एक दिन डा0 अभिलाषा ने उसे बड़े प्यार से अपने चेम्बर में बुलाया। मालिनी डरते डरते वहां पहुंची उसे डर लग रहा था की आखिर डा0 मैडम ने उसे क्यों बुलाया है?

मालिनी को देखते ही उन्होंने उसे पास में बैठाया और बोलीं, "मालिनी तुम्हारे चार बच्चे हैं?

"जी मैम जी।" मालिनी ने कहा

"इतने कम पैसों में तुम्हारा गुजारा चल जाता है? डा0 अभिलाषा ने पांसा फेंका।

"चलता तो नहीं पर चलाना पड़ता है। करें तो करें भी क्या? आपको तो पता ही है की मैं पढ़ी–लिखी भी नहीं हूं मैम जी की कुछ और भी काम कर सकूं।" मालिनी की आंखों में आंसू थे।

डा0 अभिलाषा को महसूस होने लगा था कि यहां काम बन सकता है। "मैं तुम्हें एक काम बताती हूं यदि करोगी तो पैसों की भरमार हो जायेगी।" डा0 अभिलाषा ने कहा।

"बताइए मैम ऐसा क्या करना है मुझे।"

कहने के साथ साथ उसके मन में एक उत्सुकता भी जागृत हो उठी की ऐसा क्या काम डा0 मैडम बताने वाली हैं जो उसे मालामाल कर सकता है।

"अरे कुछ खास नहीं, बस बहुत सी ऐसी अभागिन और दुखी महिलाएं हैं जो मां नही बन सकती हैं। तुम अगर चाहो तो उनका ही भला कर सकती हो।" डा0 अभिलाषा ने बड़ी ही चतुराई से कहा। वो कैसे मैडम जी? मालिनी ने पूछा।

"इसके लिए तुमको सरोगेट मदर बनना है। तुम्हें इसके लिए बहुत सारा पैसा मिलेगा। बहुत सारा मतलब लाखों रुपए। उन पैसों से तुम अपना मकान बना सकती हो। बच्चों को एक अच्छी शिक्षा दे सकती हो।"डा0 अभिलाषा ने अब अपनी बातों में मालिनी को पूरी तरह से लपेट लिया था। अपने बच्चों के भविष्य के लिए मालिनी ने डा0 अभिलाषा की बात मान ली। अब वह दो दो मकान तथा अच्छे बैंक बैलेंस की मालकिन है। और अब धन दौलत का लालच उसपर इस कदर हावी हो चुका है की सरोगेट मदर बनने को उसने अपना पेशा ही बना रखा है। मंहगे कपड़े गहने की आदी हो रही मालिनी अब करोड़पति बनना चाहती है।

मेरे पिता जी

कानपुर के डी.ए.वी. कॉलेज से ग्रेजुएशन करने वाले पिताजी की आरम्भिक शिक्षा भी कानपुर में ही सम्पन्न हुई थी। सीओडी कानपुर में नौकरी करने वाले बाबा के लिए उनके इकलौते पुत्र संतान पिताजी ही थे। बाबा जी तीन भाई थे जिनके बीच सबसे बड़े पुत्र सन्तान पिताजी ही थे सो वे उन सबकी आंखों के तारे थे। उनकी हर इच्छा सबके लिए सर्वोपरि हुआ करती थी। पिताजी पढ़ने में शुरू से ही बहुत अच्छे थे,इस बात से बाबाजी व दादी जी बहुत खुश थे। ग्रेजुएशन पूरा करते ही पिताजी की सरकारी नौकरी वहीं सी.ओ.डी. कानपुर में ही अच्छे पद पर लग गई। दादी जी आध्यात्मिक स्वभाव की महिला थीं सो इसका असर पिता जी पर पड़ना स्वाभाविक ही था। वे किसी भी गरीब दुखी इंसान को खाली हाथ नहीं जाने देते थे। उनका पूरा जीवन गरीब दुखियों की मदद करने में बीता था। उनके जीवन की अनेकानेक घटनाओं में से एक घटना का ज़िक्र यहां कर रही हूँ।

पिता जी एक अच्छे पद पर थे, पर दान-दक्षिणा में ही उनका पूरा वेतन खर्च हो जाता था, घर के खर्च भी तो थे जिसके लिये वे अलग से ट्यूशन पढ़ाया करते थे और गाँव से अनाज़ भी आ जाता था। इस तरह घर भी किसी तरह ही चलता था। धीरे -धीरे समय आगे बढ़ा। इस समय तक मेरी और मुझसे छोटी बहन की शादी हो चुकी थी। तीसरी बहन के लिए रिश्ता देखा जा रहा था। इस समय तक पिताजी रिटायर हो चुके थे।

पिता जी की अंग्रेजी व गणित विषय बहुत ही अच्छे थे, वे इन्हीं दोनों विषयों का ट्यूशन देते थे। उनकी आय भी बहुत अधिक नहीं थी इस कारण भी वे ट्यूशन पढ़ाया करते थे। पेंशन भी कम ही थी, वह भी दान-दक्षिणा में चली जाती थी, तो घर में आर्थिक परेशानी होना स्वाभाविक ही था। घर के सभी लोग उनसे असन्तुष्ट थे.... विशेष रूप से मां क्योंकि वे सभी की.... सभी जरुरतों को पूरा नहीं कर पाते थे। इंसान की भी अजीब फितरत है उसकी इच्छायें कभी भी पूरी नहीं होती है। यदि साईकिल हो तो बाइक चाहिये बाइक मिल जाये तो फिर कार चाहिये। इच्छायें तो अनन्त हैं कभी पूरी ही नहीं होती और लोग दुनिया से भी चले जाते हैं। इतना अधिक धर्म कर्म की सहभागिता के बावजूद उनका इकलौता पुत्र यानि हम चार बहनों का भाई हमेशा घर में ही पड़ा रहता था। वह न तो पढ़ता न ही अन्य कोई काम ही करता था। उसे हमेशा सोया देख कभी-कभी पिता जी झल्ला पड़ते-

' 'सभी कामचोर पड़े रहते हैं, मैं ही अकेला कितना काम करूँ। अब साठ -पैंसठ की उम्र में

मैं कितना काम कर सकता हूँ। ट्यूशन भी तो नहीं मिलता अब ठीक से। सभी निकम्मे सोये पड़े रहते हैं मेरे जाने के बाद इनका भगवान जाने क्या होगा ?" और मां बेटे के ही तरफ से हमेशा की तरह ही बोल पड़तीं– 'करेगा वो भी काम करेगा...समय आने पर, उस पर मत चिल्लाया करो।'

पिता जी बड़बड़ाते हुए घर से निकल पड़ते फिर इधर–उधर घूमते रहते और देर रात तक घर पर वापस आते। पिता जी अपने बच्चों के लिये जितना बन पड़ता करते थे पर किसी ने सच ही कहा है कि इंसान कभी सबको सन्तुष्ट नहीं कर सकता। कभी–कभी मन उचाट होता....तो पिता जी घर से बाहर निकल कर गंगा किनारे तक पैदल ही धीरे–धीरे पहुँच जाते। फिर वहाँ के साधु सन्यासियों से बात करते पूरा दिन बिता देते और फिर देर रात तक घर लौटते। उन्हें उन लोगों से बात करके बहुत अच्छा लगता था। उन सबकी समस्याओं को सुनकर उनको अपनी समस्या कुछ कम नजर आने लगती थी और फिर वे अपनी सारी उलझन भूल जाते। कभी किसी संन्यासी से पूछते....

"बाबा जी आप अपना घर छोड़कर यहाँ क्यों आ गये ?" पिता जी ने पूछा तो सन्यासी का जवाब चक्कर में डालने वाला ही था। वह बोला– "क्या करता भाई, जब तक कोल्हू के बैल की तरह चलते रहो तभी तक घर वाले भी पूछते हैं, शरीर कमजोर पड़ने पर वे भी हमें नकारा ही साबित कर देते हैं।" पर आपको घर तो नहीं छोड़ना चाहिए था। आपके बीबी बच्चे परेशान होंगे? ''नहीं जी कोई भी परेशान नहीं है, सभी बड़े मजे में हैं। मेरे कारण ही रोज की किचकिच थी, सो मैं ही चला आया।'' पिता जी को लगा शायद यहां के बहुतायत साधू संत लोगों का यही हाल है.. फिर भी वे यही सोचते कि इन्हें अपना घर तो नहीं छोड़ना चाहिए था। समस्याओं से भागना उसका समाधान नहीं है। समाधान तो उस समस्या का हर हाल में समाधान निकालने में ही है।

कभी किसी गरीब बच्चे पर नजर पड़ती तो पिताजी का पहला सवाल यही होता,' बच्चे पढ़ते हो? कुछ बच्चे अपनी कहानी सुना जाते... तो कुछ ऐसे भी होते जो अपना आक्रोश व्यक्त करने से भी नहीं चूकते,' "हाँ नहीं पढ़ता, क्या करोगे पढ़ाओगे मुझे? जाइए–जाइए फालतू की बातें मत करिए।" परन्तु पिता जी भी कभी अपना धैर्य नहीं खोते थे। वे बड़ी ही विनम्रता से पहले बच्चे को किसी ढाबे या होटल में ले जाकर भरपेट खाना खिलाते फिर उसके घर भेज देते। उन्होंने न जाने कितने ही बच्चों की पढ़ाई में मदद की थी। यहाँ तक कि वे कई बार किसी जरूरतमन्द को अपने कपड़े तक उतार कर दे देते थे, लेकिन सम्मान के साथ। वे जिसकी भी मदद करते उधार जोड़ देते," भाई जब तुम अपने पैरों पर खड़े हो जाना, हमें वापस कर देना।" बस सारा एहसान भी खत्म और मदद पाने वाला एहसान के बोझ से मुक्त भी हो जाता था और उसकी मदद भी हो जाती। ये

बात अलग थी कि कभी भी किसी से भी उन्होंने कोई पैसा वापस नहीं लिया था।

एक आदत पिता जी की यह भी रही थी कि वे किसी भी स्वस्थ व्यक्ति को कभी भी भीख नहीं देते थे, हाँ ये कोशिश जरूर करते कि वह व्यक्ति चाहे पुरुष हो या महिला अपने पैरों पर खड़ा हो सके। एक बार एक महिला रोते हुए उनके सामने आई–

"बाबू जी दस रुपये दे दो, मेरे बच्चे भूखे हैं।"

"तुम कुछ काम क्यों नहीं कर लेती?'' पिता जी ने उससे पूछा....।

महिला ने बड़े ही उदास स्वर में कहा –

"बाबू जी काम धन्धे के लिए पैसों की जरुरत होती है। मेरा पति जो पाता है, सब पीने खाने में उड़ा देता है। आखिर मैं करूं तो भी क्या करुँ?"

महिला की बात सुनकर पिताजी बोले, ...

"कितने में तुम्हारा काम धन्धा शुरू हो सकता है?"

महिला को मानो डूबते को सहारा मिल गया हो। उसकी आँखों से आँसू छलक पड़े। वह बोली तो बोलती ही चली गयी– "बाबू जी मैं भी ठीक–ठाक घर से थी। मेरे पिता ने बेटों को तो पढ़ाया लेकिन बेटियों के प्रति उनके खयालात पुराने ही रहे।बेटियों की जल्दी जल्दी शादी करके उन्होंने मुक्ति पा ली। पति जो मिला वो भी शराबी उसे न बीबी का ख्याल रहता न ही बच्चों का। अपनी बात और थी एक समय बिना खाये भी कोई रह ले, पर बच्चों को कोई भूखा कैसे रखे? पास में इतने पैसे भी नहीं कि कोई काम–धन्धा ही कर लें। किसी के माँ–बाप भी कब तक मदद करते हैं। बार–बार उनके पास जाने में भी संकोच होता है। वह और भी जाने क्या–क्या बोल गयी और पिता जी बस सुनते ही रहे। वे सोच रहे थे न जाने कबसे इसकी बातें इसके मन में दबी पड़ी थीं।

"अच्छा बताओ क्या काम करना चाहती हो?" अब जाकर वह शान्त हुई।

"कोई भी काम, सब्जी बेचने का ही काम कर लेंगे साहब।"

अब उसके चेहरे पर एक अलग ही नूर नजर आ रहा था। पिता जी को लग रहा था मानों वे अपनी ही बेटी का घर संभाल रहे हों......

ठीक है.. लो हजार रुपये और अपना काम आरंभ कर दो, हाँ बदले में मुझे क्या दोगी?

मैं क्या दे सकती हूँ साहब...? महिला कुछ डरते हुए बोली....।

पिता जी ने कहा...दे सकती हो बेटा, एक वादा दे सकती हो कि तुम अब कभी भी भीख नहीं मांगोगी।"

महिला आँखों में आँसू भरकर बड़े ही कृतज्ञ भाव से बोली–

"हाँ, साहब वादा करती हूं मैं अब कभी भी भीख नहीं मांगूंगी। और मेरे पास पैसा आते ही मैं आपका पैसा भी लौटा दूँगी साहब।"

बहुत समय बाद या कह लो कि कई वर्षों बाद वही महिला पिता जी के सामने पुनः खड़ी हुई थी....

"साहब पहचाना मुझे आपने मेरी दुकान खुलवाने में मेरी मदद की थी।" महिला बोली....

पिता जी चकित थे इतने वर्षों बाद भी इसे मैं याद हूँ....

"हाँ, हाँ याद आया बेटा, अच्छा-अच्छा अब कैसी हो?"

"सब ठीक है साहब, मैं आपका पैसा लौटाने के लिए आप को ढूँढ़ रही थी। बहुत दिनों बाद जाकर आप आज मिले हैं। थोड़ी देर ठहर कर वह पुनः बोली

"ये मेरी बेटी है साहब, मैं इसको पढ़ा रही हूँ अबकी बार ये पाँचवीं में गयीं है। इसे मैं खूब पढाऊँगी साहब ताकि ये अपने पैरों पर खड़ी हो सके।" यह कहते हुए उसने हजार रुपये पिता जी के हाथों पर रख दिया। पिता जी ने भी चुपचाप पैसा ले लिया। वे कुछ देर तक उस महिला के घर परिवार की बातें करते रहे...फिर जब महिला जाने लगी तो उसकी बेटी के हाथों में उन हजार रूपयों में... सौ रुपए और मिलाकर ग्यारह सौ रखते हुए बोले....

"बेटा तुम मेरी बेटी जैसी हो फिर तुम्हारी बेटी मेरी नातिन हुई ना, ये पैसे नाना जी की ओर से नातिन के पहली बार घर आने पर उपहार...।

"हाँ तुमने मेरी बात का मान रखा, सो आभार बेटा। कभी भी तुम्हें मेरी जरूरत महसूस हो तो अपने पिता का घर समझकर आ जाना पर कभी भी............।

इस तरह के थे मेरे पिताजी। इस दुनिया में लोग दूसरों का भी हड़पने में परहेज़ नहीं करते किन्तु मेरे पिताजी ने अपने लिए कुछ भी नहीं किया सदा ही दूसरों की मदद करने में अपना सारा जीवन लगा दिया।

आसिया फ़ारूक़ी

रचनाकार परिचय

पद - प्रधानाध्यापक

कार्यरत - प्राथमिक विद्यालय अस्ती, नगरक्षेत्र, जनपद- फतेहपुर, उत्तर प्रदेश

शिक्षा - एम0ए0 (कानपुर विश्वविद्यालय), बीटीसी

मो0 न0 - 9140818635

निवास - 69/ सैयदवाडा, लालाबाज़ार, फ़तेहपुर - 212601

उपलब्धि - राष्ट्रपति द्वारा राष्ट्रीय शिक्षक पुरस्कार-2023 प्राप्त, राज्य शिक्षक पुरस्कार, राज्य मिशन शक्ति पुरस्कार-2021, आदर्श शिक्षक पुरस्कार, एजुस्टफ-2021 उत्कृष्ट शिक्षक पुरस्कार समेत राज्य स्तर के लगभग 18 से अधिक शैक्षिक पुरस्कार प्राप्त।

गतिविधियाँ - राज्य स्तर कहानी सुनाओ प्रतियोगिता की विजेता तथा विभिन्न राष्ट्रीय एवं अंतरराष्ट्रीय पत्र पत्रिकाओं में लेख एवं कविताएं प्रकाशित।

प्रकाशित पुस्तकें - नन्ही दुनिया का जादुई सफर, किलकारी, अंतर्मन की गूँज, अस्तित्व, मातृभूमि साझा संकलन तथा अस्ती की उड़ान।

अनमोल सीख

सफेद सूट, लंबे लंबे सफेद बाल जिन्हें धूप में सुखाती गोरा रंग चमकता चेहरा, माथे पर तेज, आवाज में मिठास, हम सभी नाती पोतों की जान थी वो। हमें लाइन से खाना खिलाती अपने हाथों से पकाती मजाल है, जो कपड़े पर एक भी दाग लग जाए। ननिहाल के वह दिन खाना पीना मौज मस्ती करना नानी से रोज किस्से कहानी सुनना। गुड़िया की शादी में नानी ढेर सारा शरबत बनती नन्ही गोलू शरबत में उंगली डालकर सबको चिढ़ाती नानी के हाथों की खिचड़ी भी बिरयानी से ज्यादा लजीज बन जाती सारे छोटे बड़े लड़ते झगड़ते खाते पीते उधम मचाते ननिहाल में सबसे बड़ी होने की वजह से नानी हर जगह मुझे साथ लेकर जाती थी। घर का बाहर का सारा काम वह खुद करती मुझे भी उनसे बातें करना उनके साथ-साथ रहना बड़ा सुहाता। छोटी राबिया तो उनके पीछे-पीछे लगी रहती और पटरे पर चढ़कर नानी के साथ रोटी सिकवाती गर्मी की छुट्टियां और नानी के घर की छत क्या यादगार थे, वह पल? पूरे मोहल्ले में लाइट नहीं मोमबत्ती जलाएं हम सारे छत पर नज़र आते बीच में बैठी नानी और सबका ध्यान आकर्षित करती उनकी नई-नई कहानी। नानी का जीवन भी एक संघर्ष की गाथा के कई पन्नों में समाया था। मेरी नानी संस्कारी कर्तव्य परायण और मजबूत इरादों वाली महिला थी। उत्तर प्रदेश के जौनपुर जिले के नवाबों के खानदान की बेटी थी। लोग एक झलक देख नहीं पाते सर से पांव तक वह ढकी रहती थी। पालकी में यहां से वहां जाती आमजन उन्हें देखकर मंत्रमुग्ध हो जाते। सैकड़ो नामी खानदान के रिश्ते आते थे, तो कम उम्र में ही एक खानदानी लड़के से रिश्ता आ गया। अम्मी के मुंह से मैं जब नानी की कहानी सुनती मुझसे रहा नहीं जाता बस पूछ उठती अम्मी "तो नाना वह भी नवाब थे क्या" नानी की शादी कैसे हुई उनसे? अब नाना अब्बू कहां गए तब मेरी उम्र मुश्किल से 10 या 11 साल की रही होगी इतने सवाल कर बैठी अम्मी ने दु :खी होकर बताया नाना अब्बू शादी के कुछ साल बाद ही चल बसे थे। उनकी आंखों में आंसू थे। पीछे से नानी सब बच्चों के लिए आम काटकर लाई और हम सब आम खाकर खेलने लग गए।

नानी के कमरे में एक बड़ा सा बक्सा था एक दिन नानी उसको ठीक कर रही थी। उसमें देख उनकी शादी का पुराना लाल जोड़ा और कुछ तस्वीरें मुझे रहा नहीं गया तस्वीर लेकर सबको दिखाने लगी। अम्मी ने वह तस्वीर हमसे ले ली और उसे फ्रेम करवाने के लिए रख लिया। मेरी नानी, नाना अब्बू के साथ बड़ी ही खूबसूरत लग रही थी। लंबी चोटी, लाल जोड़ा मुझे बहुत खुशी हुई। अम्मी से ज़िद करने लगी की नानी के बारे में और बातें बताइए। आप लोगों का बचपन कैसा

था? अम्मी की आंखों में आंसू आ गया। तुम्हारे नाना अब्बू के ख़त्म होने के बाद सभी ने कई दिन तक भूखे रहकर, लाही फांक कर दिन गुजारे। "अरे बाप रे" मेरे मुंह से निकल पड़ा.. तभी नानी आ गई और मुझे गोद में बिठा लिया। अम्मी के सिर पर हाथ रखकर हम सब बच्चों को बताने लगी। तुम्हारे नाना की मृत्यु के पश्चात जीवन में संघर्ष प्रारंभ हो गया। बच्चों को पालने की ज़िम्मेदारी ने अंदर से तोड़ दिया। लेकिन हमें अल्लाह के सभी फैसले स्वीकार करने पड़ते हैं और बच्चों को पालने में अपना सब कुछ लगाना था। मुझे सबसे ज्यादा दु:ख तब हुआ जब यह पता चला की औरत की सुंदरता ही उसकी सबसे बड़ी दुश्मन होती है। जब उसकी खूबसूरती उसके जीवन में बहुत बड़ी बाधा बनने लगती तब हिम्मत टूटती है...क्योंकि एक मजबूर औरत की सुंदरता से मोहित होकर बहुत लोग मदद के लिए आगे आते हैं, मगर सभी मदद के नाम पर उनको अपना गुलाम बनाने तथा लाभ उठाने का प्रयास करते हैं। नानी ने केवल अपने बच्चों के पालन पोषण व संस्कार देने के अपने उद्देश्य को पूरा करने के लिए जीवन बिता दिया। अपनी सुंदरता से मोहित होने वाले लालची लोगों से अपना बचाव करने के लिए अपनी सुंदरता को नष्ट करने का भी निर्णय लिया। आगे जो अम्मी ने बताया उसे सुनकर मुझे यकीन नहीं हुआ। एक दिन उन्होंने अपने काले सुंदर सुनहरे बालों को गुमराह के पानी लगाकर सफेद कर दिए और कई तरीकों से अपनी सुंदरता को खत्म करने का प्रयास किया काफी हद तक उन्होंने स्वयं को कुरूप कर लिया। उनके ऊपर एक और पहाड़ टूटा जब उनका जवान बेटा खत्म हो गया। और बहू को बेटी बनाकर रखा। अपने बेटे की नौकरी भी अपनी बहू को दिलवा दी। नानी ने अपने जीवन काल में जो भी परेशानियां कठिनाइयों का सामना कर साथ ही अपने बच्चों को पालने के संकल्प को पूरा किया आज भी उनके जीवन के संघर्ष की कहानी को सोंचकर मेरे अंदर भी मजबूत संकल्पना का जन्म हो जाता है। आज भी उनके जीवन से प्रेरणा लेकर मैं बड़ी से बड़ी संघर्षों की दरिया पार कर जाती हूं पर उनके जैसी मज़ेदार कचौड़ी आज भी नहीं बना पाती हूं। आज वह हमारे बीच नहीं है, लेकिन उनकी बताई हर अच्छी बात हमारे कानों में गूंजती रहती है। मेरी नानी महिला सशक्तिकरण का एक बड़ा उदाहरण थी। जिन्होंने एक अकेली महिला होने के बावजूद अपने चार बच्चों को अकेले दम पर बिना किसी के आगे हाथ फैलाए पाला, पोसा बड़ा किया और इस काबिल बनाया कि वह आज सब नौकरी करके अपना जीवन अच्छे से बिताने के योग्य बन चुके हैं। काश मेरी नानी आज जिंदा होती, और उन्हें मेरे बारे में भी पता होता कि मैं एक सफल शिक्षिका और समाज के लिए उदाहरण प्रस्तुत करने वाली शिक्षिका बनकर उनके दिए हुए संस्कारों को अपने अंदर उतार के आज भी उनका नाम ऊंचा करने का प्रयास करती हूं।

यू ही नहीं होती हाथों में उंगलियां, ईश्वर ने किस्मत से पहले मेहनत को रखा हैं।..

हौसलों की तरकश में कोशिश का वह तीर जिंदा रखो, हार जाओ चाहे जिंदगी में सब कुछ मगर फिर भी जीतने की उम्मीद जिंदा रखो।

जिद्दी बच्ची सारा

प्यारे बच्चों आप जानते हैं कि पढ़ाई करना कितना ज़रूरी होता है। पढ़ लिखकर ही तो हम जीवन में कुछ हासिल कर सकते है। कितना अच्छा लगता है ना उन लोगों को देखकर जो अच्छे-अच्छे घरों में रहते हैं। बड़ी-बड़ी गाड़ियों में घूमते हैं। पर इसे पाने के लिए उन्हें भी तो संघर्ष करने पड़े होगें और एक सबसे खास बात की हमें कभी किसी बात पर ज़िद नहीं करनी चाहिए। एक बच्ची थी सारा जो देखने में बड़ी प्यारी और खामोश रहने वाली थी। टीचर उसको हमेशा ही प्यार और दुलार करती थी। पहले तो एक साल तक वह ठीक से अपने भाई बहनों के साथ स्कूल आती, पढ़ती भी लेकिन धीरे-धीरे उसके अंदर ज़िद आने लगी। वह देर से स्कूल आने लगी मैडम उसको कभी प्यार से समझाती कभी डांट कर, वह अपनी सहेलियों से भी ज़्यादा घुल मिलकर नहीं रह पाती थी। गुस्से में मुंह बनाए सारा दिन बैठी रहती। स्कूल की छोटी-मोटी बातों को घर जाकर शिकायत के रूप में बड़ा-चढ़ा कर घर में झगड़ा लगा देती। एक दिन आते ही स्कूल से गायब हो गई। यह वही सारा थी, जो आज तक हर काम में आगे रहना चाहती थी। कक्षा की होशियार बच्चों में भी गिनी जाती थी। रोज़ स्कूल ना आने की वजह से कक्षा में पीछे होने लगी और उसके साथ की बच्चियां टीचर की फेवरेट होती गई। सारा अपनी ज़िद की वजह से पीछे और पीछे होती चली जा रही थी।

कभी-कभी स्कूल की मैडम को सारा को बुलाने के लिए आया जी या दूसरी टीचर्स को उसके घर भेजना पड़ता। वह दो-तीन लोगों के घसीटने के बाद रोती, चिल्लाती स्कूल पकड़ कर लाई जाती। और आधे दिन तक मुंह फुला कर बैठी रहती। घर जाकर मां को परेशान करती कि "मुझे यहां नहीं पढ़ना", "मुझे इस स्कूल में नहीं पढ़ना", "मुझे दूसरे स्कूल में पढ़ना है"। सारा की ज़िद तो बढ़ती ही जा रही थी। उसकी मैडम ने भी उससे बोलना और प्यार करना कम कर दिया था। स्कूल में सभी प्रोग्राम्स में उसको छोड़कर दूसरे बच्चे पार्टिसिपेट करते अगर उसको कुछ याद करने के लिए दिया जाता तो कभी याद करके नहीं आती।

बच्चों हम अपने कार्यों और सोच से ही अच्छे और स्मार्ट दिखते हैं अब वह पहले जैसी प्यारी सी गुड़िया सारा नहीं रह गई थी। गुस्से वाला चेहरा और रोई रोई आंखें कोई पसंद नहीं करता। कुछ दिनों के बाद स्कूल में हेड बॉय और हेड गर्ल का चुनाव हुआ जिसमें सारा की ही खास दोस्त का चुनाव हुआ। सारा अपनी ही दोस्त को तेजी से आगे बढ़ते देखकर परेशान होने लगी। उसको एहसास होने लगा कि उसकी अपनी जिद की वजह से सभी ने सारा को हर काम से दूर कर दिया

है।

एक दिन सारा अपनी बड़ी ताई जी के घर गई थी वहां उसने देखा कुछ लोगों की दावत थी। सारा की ताई बहुत बड़े घर की थी। सारा को भूख लगी थी। उसने प्लेट में पनीर टिक्का ढेर सारा रख लिया। और खाने के लिए किनारे बैठ गई। ताई जी जल्दी से उसके पास आई और बोली "अरे मेहमानों के लिए है इतना बहुत सारा कैसे ले लिया" और उसकी प्लेट से उन्होंने वापस रखवा दिया। सारा को यह बात बहुत ख़राब लगी। वह घर जाकर उदास सी बैठी रही। स्कूल में भी किसी से कुछ ना बोली स्कूल में 15 अगस्त के प्रोग्राम की तैयारी चल रही थी। सारा को छोड़कर सभी बच्चों ने प्रतिभाग किया। उसने देखा मैडम सभी बच्चों को कहानी सुना रही थी। वह कह रही थी कि" बच्चों हम कार्यों और सोच से पढ़ाई से ही अच्छे बन सकते हैं" तभी हमारा हर जगह मान सम्मान होगा"। उसे एहसास हो गया कि वह पहले जैसे प्यारी सी गुड़िया नहीं लगती। गुस्से वाला चेहरा और रोनी आंखें कोई पसंद नहीं करता। उसके मैडम ने भी उसको अपने से दूर कर दिया था। बाल संसद के चुनाव में सारा खड़ी हुई लेकिन उसको एक भी वोट नहीं मिला। सारा अपने दोस्तों को तेज़ी से आगे बढ़ता देखकर बहुत परेशान हुई। उसे एहसास होने लगा कि उसने अपनी ज़िद की वजह से सभी को अपने से दूर कर लिया। "सारा की आंखों में आंसू था" प्यारे बच्चों ज़िद और गुस्सा हमें कभी आगे बढ़ने नहीं देता और हमें सबसे दूर कर देता है।

सारा ने खुद को बदलने का फैसला लिया और अगले ही दिन अपनी टीचर से जाकर माफ़ी मांगा।

जंगल में मंगल

जनपद में सन् 2016 में पदोन्नति पाकर मैं प्राथमिक विद्यालय अस्ती में गई। मन में विचार था कि शहरी विद्यालय है तो यहां पढ़ाना आसान होगा। पर यहां भी स्थिति कुछ अच्छी नहीं थी। आलम पिछले विद्यालयों जैसे ही था। वहीं टूटी-फूटी इमारत और गंदगी का अंबार... ना तो शौचालय न ही रसोई घर गिनती के कुछ बच्चे गंदगी में बैठे हुए थे। विद्यालय में पांच कमरे थे। और सभी पर ताले लगे थे। विद्यालय चलाने के लिए केवल छोटा बरामदा का ही उपयोग किया जा रहा था। कमरों पर पड़े तालों की चाबियों का कहीं अता पता नहीं था। बच्चों ने बताया कि कमरे हमेशा बंद ही रहते हैं, इनमें भूत रहते हैं। एक ही कक्षा ऐसी थी जिसमें कुछ बच्चों को बैठे देखा कुछ को पहाड़े याद कर रहे थे और कुछ बच्चे तो ऐसे थे, जिन्हें गिनती की समझ नहीं थी। बच्चों को आकर्षित करने जैसा विद्यालय में कुछ था ही नहीं।

स्कूल में जिधर नज़र दौड़ती कूड़ा और गंदगी ही पाती। सालों से विद्यालय परिसर में महिलाएं कूड़ा कचरा डाल रही थी। कूड़े का अंबार चट्टान जैसे हो गया था। इस मजबूत ढेर पर चढ़कर बच्चे विद्यालय की छतों पर चढ़ जाते थे। बड़ी-बड़ी कटीली झांकड़े थी जिनकी छाँव में मवेशी आकर बैठ जाते थे, महिलाएं विद्यालय में लगे हैंडपंप पर पानी भरती, कपड़े धोती, बच्चे नहलाती।

एक रोज़ एक जनाब कान में लीड लगाए विद्यालय के रैंप पर लेट कर गाना सुनने लगे। मैंने टोका तो बोले, सरकारी स्कूल है, तुम्हारा घर नहीं है। एक तरफ़ कुछ लड़के वहां आकर बैट बॉल खेलने लगे। उनकी गेंद आकार मुझे लगी मैंने जाकर मना किया तो फिर वैसे ही जवाब मिला हम सालों से यहां आते हैं, तुम तो अब आई हो।

अभी स्कूल में आए मुझे एक सप्ताह भी पूरा नहीं हुआ था। मैं स्कूल में ही थी कि कुछ लोग शराब की बोतले और ताश के पत्ते लेकर विद्यालय के एक कोने में जा बैठे। मैं पहली बार यूं सामने बैठकर शराब पीते लोगों को देख रही थी। सोचने लगी, कि ये कैसे लोग हैं, इन्हें ज़रा भी लिहाज़ नहीं कि यह विद्यालय है। हिम्मत करके मैं उनके पास गई और बोली यह स्कूल है। आप क्या कर रहे हैं यहां यह सब ? उनमें से एक ने कहा तुम अपना काम करो हमें हमारा काम करने दो।

फिर गर्मी की छुट्टियां आ गई मेरी छुट्टियां चिंता में ही बीती। कई दिनों तक सो नहीं पाई सोचती रही की क्या करूं कहां से शुरुआत करूं। यही सब सोचते जुलाई की पहली तारीख आ गई। छुट्टियों के बाद स्कूल खुले मैं भी अपने स्कूल गई बच्चों को साथ लेकर गंदगी और कूड़े के ढेर को हटाने में जुट गई। स्कूल में कुछ तोड़फोड़ भी हुई थी। तब कुछ बच्चों ने बताया मैडम यह सब यहां

के लड़कों ने किया है। वो ईंटें मार मार कर तोड़ फोड़ करते हैं। हमने पूछा उन्हें क्या फायदा मिलता है ऐसे करने से? सुंदरम बोल मैडम आपने जो स्कूल की चार दीवारों में कंटीले तार लगवा दिए थे ना उसी से वो गुस्सा हैं।"हां बेटा मैं समझ रही हूं"। दुखी मन से मैं बस इतना ही बोल सकी और हम सब काम में लग गए।

मैं सोचती थी, कि जब तक विद्यालय का भौतिक परिवेश नहीं बदलेगा नामांकन बढ़ाना कठिन है। अगले दिन से ही सफाई का काम शुरू करवाया 8–10 मज़दूर बुलवाएं मलबे को ट्रैक्टर में भरवा कर निकलवाया बढ़िया जगह निकल आई पर देखा कि लोग फिर वही कूड़ा डालना लगे। जैसे गांव में कूड़ा डालने का एकमात्र स्थान हमारा विद्यालय परिसर ही बचा हो। बहुत कोफ्त हुई मैं स्कूल के रसोइयों को लेकर आसपास के घरों में पूछने चल पड़ी घरों में जाकर पूछने पर कोई भी गलती मानना नहीं चाहता था। सब एक दूसरे पर दोष डाल रहे थे। मैंने महसूस किया कि उन्हें समझाना बहुत कठिन है। वापस लौट आई। स्कूल में आकर मैं बच्चों के साथ इस पर बात की बच्चों को समझाया कि किसी को भी स्कूल में कूड़ा करकट फेंकते देखें तो रोके। बच्चों ने कोशिश की मैंने कुछ और गांव वालों से इस सब पर बात की तो कुछ लोग स्कूल का साथ देने के लिए आगे आए कुछ भले आदमियों के सहयोग से विद्यालय में फिर से सफाई का कार्य प्रारंभ हुआ। एक भले आदमी जिन्हें गांव के लोग शमीम चाचा कह कर बुलाते थे। उनके पास ट्रैक्टर था। हम उनके पास गए एक बच्चे गुल्फ़िशान ने चाचा से बोला चाचा क्या आप हमारे मैदान की जुताई अपने ट्रैक्टर से कर देंगे? शमीम चाचा खुशी–खुशी तैयार हो गए।

अगली सुबह जुताई का काम शुरू हुआ। यह काम कई घंटे चला कुछ बच्चे ट्रैक्टर पर बैठे तो कुछ पीछे–पीछे दौड़ते रहे, जुताई के दौरान ज़मीन से कुछ ईंटें निकलती जा रही थी। मैं और बच्चे एक–एक ईंट उठाकर अलग रखने लगे। नेहा बोली मैडम इन ईंटों का हम क्या करेंगे??

शमीम चाचा वहीं खड़े थे। मुस्कुरा कर बोले बेटी आपकी मैडम इनसे ही तो क्यारियां बनाएंगी "सुनकर सभी बच्चे खुश हो गए मैं सोचने लगी कि कैसे भी करके इस बंजर भूमि को हरा–भरा करना है और रंग–बिरंगे फूलों से सजाना है। विद्यालय के रसोइयों ने कहा मैडम यहां वर्षों से कभी कोई पौधा नहीं लगा माटी कंकड़ीली और बंजर है "मैंने कहा, देखते हैं"।

विद्यालय में पढ़ने वाले एक बच्चे आमिर के पिता मिट्टी डालने का काम करते थे। उनसे बात करके मैने अच्छी उपजाऊ मिट्टी विद्यालय की क्यारियों में डलवाई छोटे–छोटे बच्चों ने पौधे लगाए और खुश हुए।

यही सब काम करते दशहरा की छुट्टियां आ गई इन छुट्टियों में गांव के कुछ युवकों और

शरारती लड़कों ने फूलों की क्यारियां , हरियाली और पौधे नष्ट कर दिए। 6 नवंबर 2016 का दिन छोटी सी सानिया मेरे पास दौड़ती हुई आई और रोने लगी मैंने उसे पास बुलाकर प्यार से पूछा रोती क्यों हो बच्ची?? मुझे बताओ "रोती हुई नन्ही सानिया की बात सुनकर मैं भी परेशान हो गई पता चला कि कुछ लोग स्कूल के आसपास डंडे लेकर बैठे हैं और बच्चों के विद्यालय जाने का रास्ता रोक रहे हैं। पहले तो मुझे विश्वास नहीं हुआ कि वह लोग ऐसा कर सकते हैं? पर जब रसोईया तनु देवी व सुमन ने भी कहा मैडम जी यहां सालों पुराना शराब का अड्डा था। आपके आने से यहां अड्डेबाज़ी इन लोगों को बंद करनी पड़ी है। इसी बात से इन लोगों को बुरा लग रहा है वह चाहते थे कि जैसा पहले के टीचर उनके डर से कुछ नहीं कह पाए थे आप भी उन्हें न रोकें। यह लोग हमारे घर भी आए थे, और बोले अगर तुम लोग और तुम्हारी मैडम नहीं मानी तो हम तुम दोनों की टांगे भी तोड़ सकते हैं।" मैं सर पकड़ कर बैठ गई अगले रोज़ सुबह 10 :00 बजे के आसपास एक लंबा चौड़ा आदमी अपने 24 साथियों के साथ स्कूल के गेट के अंदर सीना ताने खड़ा था फिर वही ऑफिस की तरफ आए और बच्चों से बोल कहां है, तुम्हारी मैडम?? मैं ऑफिस से बाहर आई और बोली क्या बात है भाई आप अंदर कैसे चले आ रहे हैं? उसके मुंह से अजीब सी महक आ रही थी। कहने लगा तुम कोई गवर्नर नहीं है जो यह सब कर रही हो तुम्हारी जैसी कितनी टीचर है आई और चली गई क्या तुमने यहां की साफ सफाई का ठेका ले लिया है, जो गेट में इतना बड़ा ताला लगाओगी और बाउंड्री में कंटीले तार लगवाओगी??

"मेरी बात सुनिए मैंने कहा मैं जब तक यहां हूं आप लोगों की दादागिरी नहीं चलेगी ना ही बच्चों का भविष्य बर्बाद होगा आप जो करना चाहे करें और यहां दोबारा ना आए इतना सुनते ही उन लोगों ने गालियां देना शुरू कर दिया। उस समय मैं वहां अकेली शिक्षिका थी! कोई सहायक भी नहीं अभी तक नहीं आया था। मेरे पास पुलिस बुलवाने के सिवा कोई दूसरा चारा नहीं था। कई दिनों तक मुझे कोतवाली के चक्कर काटने पड़े इस बीच मेरे और मेरे पति के नंबर पर लगातार धमकी भरे फोन आ रहे थे उनको सिखाएं लड़के लड़की स्कूल के बाहर घूमते रहते हैं, वह कभी मेरी गाड़ी का शीशा तोड़ देते कभी छुट्टी के बाद विद्यालय में तोड़फोड़ कर देते।

11 नवंबर 2016 को मैंने सभी बच्चों को अपने पास बुलाया और बोली "सांसे हो रही है कम, आओ पेड़ लगाएं हम" तो चलो बच्चों, हम काम शुरू करते हैं। मेरे कहने पर बच्चे फावड़ा, कुदाली, खुरपी लेकर आ गए। एक बच्चा अपने किसान पिता को बुला लाया उस किसान विद्यालय में जाकर बच्चों से एक बात कही, आपकी शिक्षिका इतनी मेहनती है, कि विद्यालय का तो अब कायाकल्प हो जाएगा। वह बात आज भी मेरे कानों में गूंजती है, उन्होंने हम सभी को बताया कि

सब्जियों के लिए क्यारियां कैसे बनती है। खाद कैसे छिड़की जाती है। और भी महत्वपूर्ण बातें बताई जो खेती के लिए जरूरी होती है। वे यह सब बता ही रहे थे। की कोने से सांप निकल आया हम सभी डर गए उन्होंने बताया ये सांप जहरीला नहीं है। जब तक हम इसे तंग ना करें यह नुकसान नहीं पहुंचाएगा। उस दिन के बाद से वो बराबर आते और बच्चों की मदद किया करते। बच्चे उन्हें देखकर चिल्ला पड़ते बीज वाले सर आ गए। बच्चों की तैयार की गई फसलों में कोपल फूटने लगी। पौधे धीरे-धीरे बढ़ने लगे बच्चे स्कूल के समय के बाद भी अपने पौधों की देखभाल में लगे रहते। एक रोज़ हम पेंट्स के डिब्बे लेकर विद्यालय पहुंचे बच्चे समझ गए बोले अरे वाह मैम अब हम अपनी क्यारियों और गमलों को रंगीन करेंगे।

मैं विद्यालय में 10 बच्चों का एक समूह तैयार किया इस समूह को गांव के कुछ जागरूक लोगों ने सहयोग करना शुरू कर दिया। यह बच्चे अब गांव के किसी भी घर के सामने कूड़ा कचरा नहीं जमा होने देते छायादार पीपल लगाते, विद्यालय के पौधों की देखभाल करते, प्रत्येक छात्र अपने मोहल्ले को साफ रखता है। यही नहीं यह बच्चे पॉलिथीन के स्थान पर कपड़े का थैला प्रयोग करने पर जोर देते।

जल्दी ही गांव में भी हरियाली और स्वच्छता दिखने लगी अब बच्चों के मिड-डे मील में विद्यालय में तैयार सब्जियां, आलू, तुरई ,लौकी ,भिंडी ,गोभी, टमाटर, पालक आदि बनने लगी तो माता समिति की सदस्य ऊषा देवी और रिजवाना बेगम बोली मैडम जी कभी यहां से जाना नहीं वरना फिर से विद्यालय वैसा ही हो जाएगा। मेरे इन बदलावों को देख लोग जुड़ने लगे बस सबसे यही बोलती ये परिसर हमारा हैं, इसे साफ़, सुथरा, हर भरा बनाना हमारा फ़र्ज़ हैं, हमने नन्हे बच्चों की एक ग्रीन आर्मी तैयार की जो आस पास के लोगों को सफाई के लिए जागरूक करती। पुलिस प्रशासन की मदद से शराबियों पर भी रोक लगाई। रोज़ सुबह हम बच्चों से कहते चलो काम शुरू करें। हम सब मिलकर खाद छिड़कते, कतारें बनाते, निराई गुड़ाई करते, बच्चे पसीने से तर बतर हो जाते पर रुकते नहीं। एक दिन तो बच्चों की खुशी का ठिकाना नहीं रहा जब गांव के कुछ सहयोगी लोग अमरूद, टमाटर, नींबू, गुलाब, बेला, एलोवेरा, के पौधे लेकर स्कूल पहुंचे। उनको भी उचित जगह पर रोपा गया। जल्द ही पौधे बड़े होने लगे। बच्चे अपने नन्हें हाथों से बोए बीजों को पहली बार धरती की कोख से झांकते पनपते देख रहे थे। यह आनंद अनूठा था। फसल बढ़ती रही और बच्चों के सपने भी। आलुओं की फसल जब पक गई तो खुदाई का दिन तय हुआ। बच्चों ने अपनी अपनी क्यारियां बाट ली। खुरपी से वो खोदते जाते और मुझे दिखा दिखा कर खुश होते। मजाल जो इस कार्य में कोई कोताही हो जाय। कोई आलुओं को बिन रहा था कोई धोकर टोकरी

में रखता जाता।अरशद माया दीदी से आलुओं के पराठें बनाने की फरमाइश करता तो नेहा चिप्स की ज़िद करती।कितने मासूम लग रहे थे ये सब और सैफ तो शरारतों में सबसे ही आगे था। आलुओं से भरी टोकरी सिर पर रखता और आलू ले लो आलू आवाज़ें लगाता सारे बच्चे खिलखिला कर हँस देते ये भी विद्यालय था जहां मेरे आने पर सिर्फ 10–12 बच्चे ही स्कूल में आते थे। आज विद्यालय प्रांगड़ 250 बच्चें की आवाज़ों से गूंज रहा था तभी सलोनी मेरे पास दौड़ती हुई आई बोली मैडम जी आज की सब्ज़ी बहुत स्वादिष्ट बनी हैं। पीछे से आर्यन बोल उठा जानती नहीं हो क्या सब्ज़ी विद्यालय में उगे आलू टमाटर से बनी हैं। तभी लंच की घंटी बजी और सारे बच्चे खुशी से लंच रूम की तरफ़ भागे और मेरी आंखों के सामने अतीत के चित्र एक एक करके गुजरने लगे।

मेरा कमरा मेरा जीवन

कुछ चीजें ऐसी होती हैं, जिनसे हमें एक अलग तरह का लगाव, प्यार या यूं कहें इसके करीब होने से सुकून होता है। फिर चाहे वह आपकी पसंदीदा घड़ी हो, फोटो हो, चश्मा हो, या आपका कमरा। मेरा ये कमरा तो मेरी यादों की किताब सा है। यहीं बैठकर पढ़ाई पूरी की, नौकरी मिली, जिसकी दिक्कतों भरी ट्रेनिंग इसी कमरे ने पूरी कराई कह सकते हैं, "मेरे हौसलों की उड़ान दी मुझे" परवाज दी और उड़ते उड़ते राष्ट्रपति पुरस्कार तक पहुंचा दिया अभी मेरे हौसलों की उड़ान, बाक़ी सी है मेरे इस कमरे में मेरी जान बाक़ी सी है।

कहीं भी होकर आ जाऊं सुकून तो मुझे आकर यही मिलता है, यह वही खिड़कियां और दरवाज़े हैं जिनके पीछे चार्ट पर नोटिस लिख लिख कर चिपकाती थी। ताकि काम करते-करते भी दोहराती रहूं। पढ़ती रहूं, छोटे बच्चों को पालना और पढ़ना दोनों एक साथ कैसे किया यह कमरा ही तो गवाह है उसका। कभी कुर्सी-मेज पर, कभी बेड पर तो कभी ज़मीन पर कहां-कहां बैठकर नहीं पढ़ा यह सब मेरे साथ-साथ थे। मेरे हर सफर में मेरे हर दुख दर्द में। टेबल पर रखी हुई यह घड़ी हमेशा मुझे सही समय पर स्कूल पहुंचाती। 05-10 मिनट रोज़ मुझसे तेज़ भागा करती। मुझे अपने साथ दौड़ाती। सबसे ज़्यादा सुकून अपनी टेबल चेयर पर बैठकर सुबह शाम की चाय के साथ में न्यूज़पेपर की सुर्खियां। कभी अगर यह रह जाए तो कुछ अधूरा सा लगता है।

मेरी बेड ने मुझे बड़ा संभाला, सहारा दिया। जब कभी हिम्मत टूटती पढ़ाई, घर, बच्चा, नौकरी, ससुराल पति के हजार बातें, ना संभाल पाने पर यह तकिया ही तो मेरे आंसू पोंछ देता कितनी अपनी सी थी ये सारी चीजें। कभी-कभी सोचती हूं, "नया घर ले लूं पर इस कमरे को साथ ले जा पाऊंगी क्या"? 15 सालों से इस कमरे के साथ जुड़ी हूं सुकून की नींद मुझे और कहीं मिल पाएगी क्या? शायद नहीं लोग नहीं समझते हर बार कहते हैं। पुराना हो गया है घर" पर मुझे यह पुराना सा कमरा सबसे ज़्यादा अपना लगता है। मेरा आधा जीवन इसी में बीता है। दीवार पर लगे फोटो फ्रेम को एक टक देखकर बातें करना जब कोई नई उपलब्धि मिली उसे दीवार पर एक और फोटो लगा देना। और धीरे से मुस्कुराना आज इस आसिया फारूकी को तो दुनिया जानती है। पर यह कमरा उस आसिया को जानता है। जब वह मेहनत करके आगे बढ़ाना सीख रही थी। नभ में उड़ना सीख रही थी। बड़ी कहानी है लिखने और सुनने में ज्यादा वक्त चाहिए।

बात अभी इस कमरे की हो रही है। यह करीब ही नहीं बहुत ज़्यादा क़रीब है मेरे, "वह पहली सैलरी की मिठाई इसी कमरे में पैक की" वह "नेशनल अवार्ड की बधाई" इसी कमरे में आकर

सबने दी वह मेरी "जिंदगी के दर्द" इसी कमरे में सारे बीते "द्वंद ,संघर्ष, कशमकश" यही गुज़रे मेरी सारी नमाज़े यही अदा होती रही। और एक खास बात "शाम के वक्त लाइट जलने के बाद यह कैमरा और भी ज्यादा दिलकश लगने लगता है"। और यह मेरी किताबों की अलमारी तो मुझे हमेशा "अपने पास बुलाती रहती है"। मुझे इन किताबों को पढ़कर सुकून सा मिलता है। यह कमरा इसका कोना-कोना मेरा जीवन है। यहां मेरी सारी भावनाएं रखी है और यहाँ मेरी सारी परेशानियां भी दूर होती है। यही कमरा है जिसमें चैन से मैं जी रही हूं। मेरी तन्हाई का साथी। मेरा अपना, "तेरे बगैर यह दुनिया बेरंग सी लगेगी मुझे" कहीं भी रहूं लौटकर यही आ जाऊंगी मैं" अब सोचती हूं। कि "जिंदगी का आखिरी पल भी इसी कमरे में गुजरे" हां बस वह मेरा पसंदीदा शख्स मेरे पास होना चाहिए उसके हाथों में मेरा हाथ होना चाहिए।.....

शिक्षा से संस्कार तक

शहर से जुड़ा हुआ एक गांव बड़े ही कट्टर और अंधविश्वासी लोगों की बस्ती हुआ करता था। घर-घर में 8 से 10 बच्चे होना आम बात थी। कक्षा 5 के बाद बेटियों का नाम कटवा कर घर के कामों में लगा दिया जाता, और छोटी उम्र में ही लड़कियों की शादी करवा दी जाती, और कहीं-कहीं तो हालत इतने खराब थे की लड़कियां खुद अपनी मर्जी से भाग कर शादियां करने लगी, और तो और गांव के लड़के दिन भर सीटी बजाते इधर-उधर लड़कियों को जाते परेशान करते दिन भर। सरकारी स्कूल के सामने एक बड़ा सा नीम का पेड़ था वहां पर सारे आवारा लड़के बैठकर सीटियां बजाते, मोबाइल चलाते, ऐसे खराब माहौल को बदलने का बीड़ा वहां की मैडम जो इस सरकारी स्कूल में नई-नई आई थी उन्होंने उठाया। बच्चों को सुधारने वा संस्कारी बनाने में कुछ ना कुछ नई तरकीब सोचने लगी लेकिन विद्यालय की कुछ बच्चियों जैसे सारा, ज़ारा, हेरा अगल-बगल रहने वाली दोस्ते थी। स्कूल से रोज़ जल्दी भाग जाती। उनको देखा, देखी कुछ और बच्चियों को भी बहाने बनाकर निकल जाने की ज़िद में होती। अब तो मैडम जी रोज़ इन बच्चियों को घर बुलाने स्कूल की आया जी को भेजने लगी कभी खींचकर कभी गोदी में टांग कर वह स्कूल आती और सारा दिन मुंह फुल कर बैठी रहती। बच्चों की एक खास आदत हो गई थी। मैडम जो भी घर का काम देती वह कभी करके नहीं लाते। कभी कॉपी घर भूल आए तो कभी खुद नहीं आए। अब इन्हें कैसे पढ़ाना हैं? कैसे सुधारना हैं? इसी सोच में रातों की नींद चली गई थी। "अब तो इन्हें सुधार कर रहूंगी "विद्यालय का माहौल बदल कर ही रहूंगी" मैडम ने भी ठान लिया था।

अब मैडम ने स्कूल की दीवारों के चारों तरफ आसपास के आवारा लड़कों और शराबियों को डराने के लिए अलग-अलग गलती पर जुर्माना लिख दिए पूरे विद्यालय को सीसीटीवी कैमरा लगाकर कर कवर कर दिया। यह तो था विद्यालय के बाहर के वातावरण को बदलने का प्रयास। जारा ,सारा, सूफियान जैसे शरारती और ना पढ़ने वाले बच्चों को सुधार की तरफ ले जाने के लिए विद्यालय में चलाई संस्कारों की पाठशाला जिसमे रोज सुबह प्रार्थना में एक संस्कारी शब्द बोर्ड पर लिखा जाता बच्चों से उसका अर्थ और उससे जुड़ी एक कहानी सुनाई जाती इससे यह बदलाव हुआ कि बच्चे सुबह अपने मां-बाप के पैर को छूकर, उन्हें नमस्ते, सलाम करके विद्यालय आने लगे। यह संस्कार जैसे ही नन्हे बच्चों के अंदर आया वह खुद ही सुबह समय से नहा धोकर के अपने मां पापा का आशीर्वाद लेकर विद्यालय आने लगे विद्यालय के इस माहौल से सभी बच्चों पर

सकारात्मक प्रभाव पड़ा। सभी बच्चों में एक असीम ऊर्जा का संचार हुआ। तभी मैडम जी ने अभिभावकों को भी इस मुहिम से जोड़ा एक माह तक उपस्थित रहने वाले संस्कारी बच्चों की माता को सुनहरा ताज सभी ग्राम वासियों के समक्ष सर पर लगाए जाने लगा ये विद्यालय का प्रतिमाह का अनोखा नवाचार हो गया। जिसका नाम दिया संस्कार चारों ओर प्रतिदिन सुबह प्रार्थना में सुनाई जाने वाली कहानियां को एक पत्रिका में प्रकाशित कर बच्चों के नाम के साथ अभिभावकों को भेंट किया जाने लगा।

अब बचे वो पेड़ के नीचे सीटी बजाने वाले लड़के जिनको मैडम ने समाचार इकट्ठा करने का काम में लगा दिया। यह समाचार विद्यालय की बाल जागरण समाचार पत्र में लिखे जाने लगे। किसी को विद्यालय की पोषण वाटिका के लिए खाद ,मिट्टी लाने की जिम्मेदारी सौंपी और इन सभी बच्चों के घरों में जो बड़ी बहनें थी उनको विद्यालय में छोटी कक्षाओं को पढ़ाने व खेल खिलाने के लिए अवसर देना शुरू किया। विद्यालय की एक पत्रिका निकालना शुरू किया जिसमें विद्यालय के सहयोगी अभिभावक छात्र-छात्रा वालंटियर सभी की फोटो सहित उनके कार्यों का विवरण छपने लगा। फिर क्या था विद्यालय में चल रही संस्कार की गूंज तथा उस पत्रिका की धूम घर-घर गूंजने लगी।

यह गूंज उस दिन और तेज़ रफ्तार में फैली जब जागरण संवाददाता ने संस्कार की पाठशाला को मुख्य खबर में स्थान दिया अब तो उस छोटे से गांव की पहचान और यहां बोये जा रहे हैं संस्कारों के बीज के चर्चे पूरे जनपद में फैल चुके थे। मैडम को सबसे ज्यादा खुशी तब हुई जब विद्यालय की बाउंड्री के बाहर से ईंटें चलाने वाले बदमाश लड़कों ने विद्यालय को अच्छी नज़र से देखना शुरू कर दिया। विद्यालय की मानव प्रतिष्ठा को ठेस ना लगे इसका वचन भी दिया साथ ही छोटे-मोटे कार्यों में सहयोग के लिए अग्रणी भूमिका में खड़े रहे। कैसे हो पाया यह सब आम लोग जब मैडम की तरफ सवालिया नजरों से देखें...कहां गए वह कूड़े कचरे के ढेर? कैसे इस मलिन बस्ती को मिला स्वच्छ विद्यालय पुरस्कार? मैडम विद्यालय के डिस्प्ले बोर्ड की तरफ इशारा करती जिस पर विद्यालय के होनहार संस्कारी छात्रों के चित्र चस्पा दिखाई देते। गर्व से सिर ऊंचा करके मैडम जी हर बार यही बात कहती इन्हें दिया है मैने अच्छी शिक्षा व संस्कार।

मैडम जानती थी एक सफल आदमी और एक गरीब आदमी में सिर्फ एक ही चीज़ का फर्क होता है कठिन परिश्रम और ईमानदारी और सारा, जारा, सूफियान जैसे शरारती ना पढ़ने वाले बच्चों को ईमानदारी और शिक्षा से जोड़ने के लिए एक बड़ी सी ईमानदारी की पेटी तैयार की गई। जिसे इन्हीं बच्चों के द्वारा संचालित किया जा रहा था। संस्कार व्यक्ति के आचरण और व्यवहार

को परिष्कृत करते हैं। विद्यालय में मैडम ने जब नैतिकता अनुशासन और करुणा ईमानदारी जैसे गुणों को विकसित किया तो विद्यालय शिखरों पर पहुंच गया। शिक्षा के साथ संस्कार व्यक्ति का चरित्र निर्माण करते हैं। शिक्षा और संस्कार एक दूसरे के पूरक हैं केवल शिक्षा से ज्ञान तो प्राप्त किया जा सकता है लेकिन संस्कारों के बिना वह अधूरी है।

दंड में दुलार

दिव्या, हेरा और आभा तीनों मित्र थीं। साथ-साथ पढ़ती खेलती और एक नहीं आती तो दूसरी उसे बुलाने पहुंच जाती आभा काफी मेहनती थी हेरा थोड़ी सी चंचल पर टीचर का कहना तुरंत मानती थी। यह बात अलग थी कि कभी-कभी बहाने भी बना जाती थी। टीचर तीनों में सबसे ज्यादा दिव्या को मानती। दिव्या स्कूल में अनुशासित रहती और टीचर की भी सारी बात मानती थी। टीचर भी उसको अलग से बुलाकर हालचाल पूछती अच्छी-अच्छी बातें भी समझाती। तीनों में अच्छी दोस्ती और प्रतिस्पर्धा रहती थी।

आभा कभी कोई गलती करती या टीचर उसे डराती तो थोड़ी देर चुप रहती फिर सब कुछ भूल कर अपने काम में लग जाती कभी-कभी दिव्या और हेरा एक दूसरे से ज्यादा सुंदर दिखने के लिए खूब सारा काजल और पाउडर लगाकर आती। सभी बच्चों में हंसी का पात्र तो बनती ही दिन भर सबसे अलग-अलग भी दिखती टीचर भी उन्हें ही देखकर मुस्कुराती खुशी का माहौल रहता। इधर हेरा जब काम पूरा नहीं कर पाती तो कभी डांट भी पड़ती तो हंस कर टाल जाती और अपनी प्यारी-प्यारी बातों से सबको हंसा देती पर दिव्या इन दोनों से अलग हर बात पर मुंह फुला लेती और छोटी-छोटी बात को बढ़ा चढ़ाकर शिकायत के तौर पर मां-पापा से बता आती।

एक दिन किसी गलती की वजह से दिव्या को सजा मिली और दिव्या ने अपनी गलती सुधारने के बजाय घर जाकर स्कूल की खूब शिकायत की ये जानते हुए भी कि टीचर उसको कितना प्यार करती थी। शिकायत जो करती सो करती अगले दिन खुद स्कूल ना जाकर अपनी मां को स्कूल के शिक्षकों से झगड़ा करने भेज दिया करती। टीचर उनके मां-पापा को खूब समझाती पर उनको समझ में नहीं आता। बस यही कहती बेटी को नाज़ों से पाला है कोई डांटे मारे यह गवारा नहीं। वह उस डांट के पीछे छुपे प्यार को देख ही नहीं पा रही थी। एक बार टीचर ने सभी बच्चों को अलग-अलग टास्क दिए दिव्या, हेरा और आभा भी लघु नाटिका में रखी गई। अलग-अलग ग्रुप बनाकर प्रतियोगिता होनी थी। प्रतियोगिता अगले हफ्ते किसी भी दिन कराई जानी थी। सभी तैयारी में लगे थे दिव्या भी अच्छा सीख रही थी। बच्चों को सिखाने के लिए बाहर से कुछ टीचर भी बुलाए गए। एक दिन दिव्या बार-बार गलत कर रही थी टीचर ने उसे थोड़ा डाँटा और हल्की-फुल्की सजा भी दी बस फिर क्या दिव्या घर बैठ गई। माँ को फिर से झगड़ा करने स्कूल भेज दिया। अबकी बार टीचर ने दिव्या का इंतजार नहीं किया। उसकी जगह उसके रोल को दूसरे बच्चे को दे दिया गया। तीसरे दिन प्रतियोगिता होनी थी। दिव्या अभी तक नहीं आई थी। शायद उसकी

माँ ने उसे आने ही ना दिया हो प्रतियोगिता में फर्स्ट हेरा सेकंड आभा दोनों को गोल्ड और सिल्वर मेडल मिले। जब दो दिन के बाद दिव्या स्कूल आई तो देखा आभा और हेरा नई फ्रॉक और मेडल पहने स्टेज पर खड़ी थी। सभी बच्चे उनके लिए तालियां बजा रहे थे। तभी दु:खी मन से दिव्या बोली काश मैं भी प्रतियोगिता में चली गई होती तो इन दोनों के साथ मैं भी यहां पर खड़ी होती लेकिन अब पछताने से क्या होता है समय बीत चुका था। दिव्या को अपनी गलती का भी एहसास हो रहा था उसे समझना चाहिए था कि स्कूल में मिला दंड या आपस में हुए झगड़े को घर जाकर में बढ़ा-चढ़ाकर नहीं बताना चाहिए। उनके माता-पिता को भी सकारात्मक सोच रखनी चाहिए। जीवन में आगे बढ़ना है तो छोटी-छोटी बातों को पीछे छोड़ना होगा। टीचर हमेशा बच्चों का भला ही चाहती हैं क्योंकि टीचर के दंड में दुलार होता है।

नवनीत कुमार शुक्ल

रचनाकार परिचय

विशेष उपलब्धि – हार्वर्ड विश्व रिकॉर्डधारी
(सर्वाधिक हिन्दी पुस्तकों एवं पत्रिकाओं के सम्पादन हेतु विश्व के सबसे युवा संपादक का खिताब)

माता – श्रीमती सुमांजली देवी

पिता – श्री वैष्णवी दत्त शुक्ल

जन्मतिथि – 01/06/1993

जन्म स्थान – ग्राम– भौसी, जनपद– रायबरेली, उत्तर प्रदेश–229301

शिक्षा – परास्नातक, बीटीसी एवं कम्प्यूटर व आईसीटी

पद – सहायक अध्यापक

कार्यरत – जनपद–रायबरेली, बेसिक शिक्षा विभाग, उत्तर प्रदेश

संपर्क सूत्र – 9451231908

अनुभव – अस्तित्व (नारी सशक्तिकरण विशेषांक), पलाश, नन्ही दुनिया का जादुई सफर व नन्हें कदमों की उड़ान (बाल काव्य), अंतर्मन की गूँज, किलकारी (बाल कहानी), सक्सेस स्टोरी(सफल व्यक्तियों की कहानियां), कलम की आवाज़ (आलेख संग्रह) एवं मातृभूमि(देशभक्ति विशेषांक), आईना (एकल), समेत 13 पुस्तकें और बाल संसार, बाल कहानियाँ, नारी शक्ति, ओनली वन अर्थ समेत 17 पत्रिकाओं का सफल सम्पादन।

साझा संकलन – कोरोना काल, काव्य मंजरी, अनुभूति, स्वदेश प्रेम, काव्य रश्मियाँ समेत 12 से अधिक साझा संकलन।

पुरस्कार – उत्कृष्ट शिक्षक पुरस्कार–2021, आजादी का अमृत महोत्सव में उत्कृष्ट कार्य हेतु जनपद स्तरीय पुरस्कार, उत्कृष्ट संपादक पुरस्कार समेत शिक्षा, साहित्य एवं खेल के क्षेत्र में कई पुरस्कार प्राप्त।

रमन की बगिया

बिरजू काका का छोटा बेटा रमन गाँव के ही सरकारी स्कूल में कक्षा-4 में पढ़ता था। रोज सुबह रमन स्कूल जाता... जाने के रास्ते में एक बगिया पड़ती... वहाँ कुछ तितलियां भी उसे दिखती...यह सब देखकर उसके मन में आता काश...मेरी भी ऐसी बगिया होती। रमन को पेड़-पौधे, फूल, तितलियां बहुत पसंद थे।

एक दिन उसने अपनी माता से कहा माँ-माँ मैं अपनी एक छोटी सी सुंदर बगिया बनाऊंगा.., क्या आप मेरी मदद करोगी?

माँ ने कहा 'हाँ बेटा' रमन और तुम "अपने कुछ दोस्तों को भी इस अच्छे कार्य में साथ ले लो।"

रमन ने माँ और दोस्तों के साथ मिलकर टीन के डिब्बे, मिट्टी के बर्तन, गमले इकट्ठा करके मिट्टी भरी और बीज बो दिया..। रमन सुबह-शाम अपनी बगिया की देखभाल करता, खाद-पानी देता..., कुछ दिन बाद छोटे-छोटे पौधे निकलने लगे। रमन के दोस्तों ने मिलकर बहुत ध्यान से पौधों की देखभाल की.... गाँव के किसी भी घर में कोई डिब्बा, बोतल खाली होती... मिट्टी भरकर रमन की बगिया में रंग- बिरंगे फूलों से सज जाती..। गाँव के सभी लोग बगिया की तारीफ करने लगे। एक दिन रमन सो कर उठा तो उसकी बगिया में चारो ओर तितलियां थी! तब रमन और उसके मित्रों को समझ आया कि "कोई भी सपना सच हो सकता है।"

चूहों की दौड़

हल्की गुलाबी ठंड थी....मंद मंद हवा चल रही थी। घना अंधेरा चारो ओर सन्नाटा पसरा था। चूहों के समुदाय के मध्य अपना सरदार चुनने का घमासान मचा हुआ था.... आखिर कौन होगा हमारा सरदार? कैसे सरदार का चुनाव होगा? सभी चूहे इसी सोंच में थे....तभी बड़कू चूहा तपाक से बोला आखिर क्यों न एक दौड़ करा ली जाए...जो जीतेगा वही हमारा सरदार बनेगा क्योंकि जो जीतेगा वही मजबूत और होशियार होगा...और हमारी रक्षा कर पाएगा। सभी को बड़कू की बात पसंद आई और सभी ने मिलकर दौड़ प्रतियोगिता का आयोजन करने का फैसला किया और कहा जो भी यह प्रतियोगिता जीतेगा वह चूहों का सरदार बनेगा। इसमें सभी को जंगल की सबसे ऊंची पहाड़ी पर चढ़ना था।

चूहों की इस दौड़ को लेकर सभी जानवरों में बहुत उत्साह था। सभी जानवर इस दौड़ को देखने के लिए इकट्ठा हो गए। तय समय के मुताबिक दौड़ शुरू हुई। सभी जानवर आपस में कानाफूसी कर रहे थे कि पहाड़ी पर चढ़ना चूहों के बस की बात नहीं है। कोई कहता 'पहाड़ी पर चढ़ना नामुमकिन है, आजतक वहाँ कोई नहीं चढ़ पाया है। भीड़ के बीच से आवाज आई की पहाड़ी पर चढ़ना असम्भव है। जो वहाँ जाता है लौटकर नहीं आता, तरह-तरह की बातें चल रही थी। इसी बीच कुछ चूहे पहाड़ी पर चढ़ने में गिरने लगे तथा कुछ थक कर बीच में ही दौड़ छोड़कर लौट आए। सिर्फ वही चूहे ऊपर की ओर बढ़ते नजर आ रहे हैं थे, जिन्होंने इस दौड़ को जीतने की ठान ली थी और किसी की बात नहीं सुन रहे थे। इसी बीच दर्शक दीर्घा से चिल्लाने की आवाज आई की दौड़ की जिद छोड़ दो लग रहा है बहुत से चूहे गिरकर मर गए हैं। जो चढ़ने की कोशिश कर रहे हैं वो भी पहाड़ी तक नहीं पहुंच पायेंगे।

एक छोटा चूहा जिसका नाम चूंचूं था वह एक क्षण के लिए अपने साथियों की चीख-पुकार सुनकर घबरा गया लेकिन अगले ही पल उसे अपनी माँ की दी हुई सीख याद आ गई और वह बिना किसी की परवाह किए पूरी हिम्मत और साहस के साथ लगातार आगे बढ़ता जा रहा था और आखिरकार अपने लक्ष्य सबसे ऊंची पहाड़ी तक पहुंच गया और दौड़ जीत ली।

''किंचित न भयभीत हो लक्ष्य से, बस आगे बढ़ते जा।
हो घना अंधेरा राह में कितना भी, तू आगे चलते जा।।''

यह देखकर अन्य चूहों में उत्सुकता जागी की आखिरकार चूंचूं जो इतना छोटा है। ऊंची पहाड़ी तक कैसे पहुंच गया? सभी ने चूंचूं से पूछा कि तुम लक्ष्य तक कैसे पहुंचे? चूंचूं ने कहा मेरी

माँ ने कहा था कि यदि आगे बढ़ना है, और जीतना है तो कितना भी कठिन लक्ष्य क्यों न हो... बिना किसी की आलोचना की परवाह करते हुए एकाग्रता और हिम्मत के साथ अपने लक्ष्य की ओर आगे बढ़ते रहो। चूंचूं की बात सुनकर सभी चूहे बहुत खुश हुए तथा धूमधाम के साथ उसे अपना सरदार बना लिया।

परिश्रम से सफलता की ओर

टनकपुर गाँव में अमित नाम का एक लड़का रहता था जो बहुत बुद्धिमान एवं मेहनती था। उसमें बचपन से ही पढ़ने की ललक थी, वह खूब पढ़ना चाहता था। अमित बेहद सामान्य परिवार से ताल्लुक रखता था। उसके पिता जी प्राइवेट नौकरी करते थे तथा खेती-बाड़ी का काम देखते थे और जो आमदनी होती उससे बमुश्किल घर का खर्च चल पाता था। अमित ने गाँव में रहकर ही खूब मेहनत और लगन से पढ़ाई की तथा सरकारी स्कूल से इण्टर की परीक्षा प्रथम श्रेणी में उत्तीर्ण की। वह आगे की पढ़ाई अच्छे संस्थान से करना चाहता था लेकिन घर की आर्थिक तंगी को सोचकर परेशान रहता था। उसने स्नातक की पढ़ाई में दाखिले के लिए कुछ प्रमुख विश्वविद्यालयों की प्रवेश परीक्षा दी। पढ़ाई में अच्छा होने के कारण बिना किसी कोचिंग के उसका दाखिला प्रयागराज के अच्छे सरकारी संस्थान में हो गया। प्रयागराज में चयन से जहाँ वह एक ओर खुश था तो वहीं दूसरी ओर मायूस भी था कि प्रयागराज जैसे बड़े शहर में रहने और पढ़ाई करने में बहुत पैसे लगेंगे, इतने पैसे कहाँ से आयेंगे? उसे परेशान देखकर उसके माता-पिता ने उसे समझाया कि परेशान मत हो ईश्वर सब अच्छा करेगा।

अमित का दाखिला सरकारी संस्थान में हो रहा था इसलिए वहाँ की फीस भी कम थी। उसके पिता जी ने रिश्तेदारों से पैसे उधार मांगकर उसका दाखिला करवा दिया और अमित पढ़ने के लिए प्रयागराज पहुंच गया। अमित दिन में कॉलेज जाकर पढ़ाई करता और किताबों, खाने-पीने, कपड़े एवं अन्य जरूरतों के लिये शाम को बच्चों को ट्यूशन पढ़ाकर अपना खर्च निकालता। वो माँ-बाप के चेहरे पर भी खुशी देखना चाहता था। जब वीकेंड में कॉलेज के बाकी लड़के घूमते-फिरते तब अमित अपने घर जाकर खेती में पापा का हाथ बटाता। अमित को कुछ दिन के बाद पता चला कि सरकार कक्षा में अच्छी मेरिट वाले 10 बच्चों को उनकी पढ़ाई के लिए तीन हजार रुपए महीने छात्रवृत्ति देती है। यह सुनकर वह खुश हुआ और सोचने लगा कि अगर यह छात्रवृत्ति उसे मिल जाए तो उसकी पढ़ाई आसानी से पूरा हो जाएगी। उसने छात्रवृत्ति का फार्म भर दिया और दिन-रात पढ़ाई में मेहनत करने लगा। कभी-कभी उसके कॉलेज के बाकी लड़के उसे पढ़ाकू कहकर मजाक भी उड़ाते पर अमित को कुछ करने का जज़्बा था और वो बचपन से ही बुद्धिमान एवं मेहनती था।

कहते है न.......

'जब जिसने इतिहास रचा,

पहले उसे अपमान मिला,
हर सांस में तुम विश्वास भरो,
और लहरों के विपरीत बहो,
परिश्रम और मेहनत के साथ,
कर्म पथ पर खड़े रहो।'

अमित ने जी–जान लगाकर मेहनत की जिसके कारण उसका चयन छात्रवृत्ति हेतु हो गया यह सुनकर उसकी खुशी का ठिकाना नहीं रहा। जो दोस्त उसका मजाक उड़ाते थे सब का मुंह बंद हो गया। उसने यह सूचना अपने घरवालों को दी तो वो भी बेहद खुश हुए। अमित ने अब दुगने उत्साह और लगन के साथ स्नातक की पढ़ाई शुरू कर दी। वह प्रतिदिन कॉलेज जाता और मन लगाकर पढ़ाई करता था। अपने कठिन परिश्रम और लगन से उसने स्नातक की परीक्षा में पूरे कॉलेज में सर्वाधिक अंकों के साथ पहला स्थान प्राप्त किया उसके बाद उसने परास्नातक की डिग्री में भी विश्वविद्यालय में प्रथम स्थान प्राप्त किया। अब अमित को अपने सपने पूरे होते नज़र आ रहे थे। अपने कठिन परिश्रम और लगन से अमित ने गरीबी को मात देते हुए सरकारी नौकरी प्राप्त की जो उसके गाँव मे अभी तक किसी को नही मिल पायी थी। अमित ने अपने परिवार का नाम रोशन करते हुए अपने सपनों को एक नई उड़ान दी।

'कामयाबी किस्मत से नहीं मेहनत से मिलती है, सफलता आपके पास चलकर नहीं आती हमें उस तक पहुंचना पड़ता है।'

प्रेम की मजबूत डोर

शनैः शनैः शीतल हवा बह रही थी...चारों ओर हरियाली थी। बसंत अपने उतार पर था... पेडों में पुष्पों पर तितलियां अठखेलियाँ कर रही थी। इसी बीच नीरज के वाट्सएप पर एक मैसेज आता है...कि आप राजापुर शहर से हैं? नीरज ने उत्तर दिया हाँ! आप कौन? उधर से उतर आया जी मैं नायरा...राजापुर के अखबार में मेरी एक खबर छपी है... क्या आप अखबार मुझे लाकर दे सकते हैं? नीरज ने उत्तर दिया जी जरूर...क्यों नहीं?.. क्योंकि नीरज और नायरा दोनों एक ही शहर के रहने वाले थे और एक ही विभाग में कार्यरत थे। यहीं से शुरू होता है नीरज और नायरा की बातचीत का सिलसिला। धीरे धीरे यह बातचीत दोस्ती में बदलने लगी...दोनों एक दूसरे से काफी बातें करने लगे...हँसी ठिठोली होने लगी। दोनों शहर के पार्कों में...रेस्टोरेंट, कॉफी शॉप में मिलने लगे और मौका मिलने पर घूमने जाते। नीरज को कम्प्यूटर और तकनीकी का अच्छा ज्ञान था। नायरा का पारिवारिक माहौल काफी अच्छा नहीं था तो नीरज हर संभव उसकी मदद करने का प्रयास करता था... उसकी हर खुशी का खयाल रखता था... विभाग के छोटे बड़े कामों में वह नायरा की मदद करता था। धीरे धीरे नायरा और नीरज की ख्याति शहर में काफी जोरों से फैलने लगी। नायरा को कई बड़े पुरस्कार, सम्मान भी इस दौरान मिले जिसमें नीरज.. नायरा के साथ हर कदम पर खड़ा था। नायरा भी जरूरत के समय नीरज की मदद करती थी। नीरज का नायरा के जीवन में आना किसी संजीवनी से कम नहीं था क्योंकि नायरा अक्सर कहती थी कि 'तू है तो मुझे क्या फिकर है" इसी बीच दोनों के बीच प्यार की कली कैसे खिल गई पता ही नहीं चला.... शुक्ल पक्ष के चंद्रमा की भाँति दोनों का रिश्ता और प्रेम परवान चढ़ने लगा.... दोनों आजीवन साथ रहने की कस्में वादे किए। दोनों अक्सर कहते कैसी भी परिस्थिति क्यों न आए हमदोनों हमेशा साथ रहेंगे। नीरज नायरा को अपने जीवन में सर्वाधिक महत्व देता ...और हमेशा उसे बुरे लोगों से दूर रहने की सलाह देता था। कोई नायरा को मजाल है कुछ कह दे! नीरज हर समय उसे सुरक्षित रखने का प्रयास करता था। वर्षों बीत गए सबकुछ अच्छा चल रहा था। लेकिन कभी कभी नायरा को नीरज की टोका-टाकी खराब लगती...छोटे मोटे झगड़े होते। नायरा नीरज को डॉट भी लगाती थी। लेकिन कहते हैं न जहाँ रूह से मोहब्बत होती है वहाँ छोटे मोटे झगड़े होना आम बात है। यदि किसी रिश्ते में छोटे मोटे झगड़े न हों तो वहाँ प्रेम भी नहीं होता है.. क्योंकि प्रेम में अपेक्षाएं होती हैं जिससे थोड़ा बहुत कहासुनी होना लाजिमी है। नीरज भी कभी कभी गुस्सा करता लेकिन नीरज रिश्ते को महत्व देता था वह हर संभव गलती

उसकी हो या नहीं... माफी मांगने में तनिक भी नहीं हिचकिचाता था... और रिश्ते को बचाने का पूरा प्रयास करता था.....। कुछ लोगों ने नायरा और नीरज के रिश्ते में दरार डालने की पूरी कोशिश की...आपसी झगड़ा लगाने का प्रयास किया और फेक आईडी से नायरा को परेशान करने की कोशिश की जिससे नायरा को नीरज पर शक हो और रिश्ता टूट जाए लेकिन लोगों की सभी चालें नाकाम रही। कहते हैं न जिस मोहब्बत को खुदा ने अपनी दुआओं से सींचा हो, बड़ा किया हो उसपर तूफानों के लाख थपेड़े क्यों न पड़ें... परेशान कर सकते हैं लेकिन तोड़ नहीं सकते। आज भी नीरज और नायरा प्रेमपूर्वक एक साथ रहते हैं और सुख-दुख में एक दूसरे के साथी हैं। लोगों ने सच कहा है सच्ची मोहब्बत करने वालों की ईश्वर भी मदद करता है वहीं यहाँ भी हुआ.....ईश्वर ने नीरज और नायरा को एक दूसरे के लिए चुना है इसलिए कितनी भी बलाएं क्यों न आएं रहना दोनों को साथ ही है, दोनों कभी अलग नहीं हो सकते हैं।

लाख कोशिशें कर लो तुम,
मोहब्बत मिटा नहीं पाओगे।
खुदा की रहमत है हम पर,
हरगिज़ डिगा नहीं पाओगे।।

संस्कार ही सबसे बड़ी पूँजी

पिंकी, शारदा और राधा एक ही सोशाइटी में रहती थी और तीनों आपस में मित्र थी। तीनों के बच्चे एकसाथ एक ही स्कूल में बचपन से पढ़ते थे। पिंकी और शारदा के बच्चे राजेश व मयंक पढ़ने में बहुत तेज थे लेकिन राधा का लड़का राजू पढ़ने में कमजोर था। राजेश व मयंक पढ़-लिखकर बड़े अफसर बन गये लेकिन राजू पढ़ने में कमजोर होने के कारण सरकारी नौकरी नहीं प्राप्त कर सका और गाँव में ही रहकर खेती किसानी करने लगा।

एकबार की बात है सोशाइटी के घरों में पानी नहीं आ रहा था। सभी महिलाएं नगर पालिका के टैंकर से सोशाइटी कम्पाउंड में पानी भरने के लिए आई थी इसी दौरान पिंकी, शारदा और राधा भी पानी भरने के लिए लाइन में लगी थी। पिंकी और शारदा अपने बच्चों की बहुत तारीफ पर तारीफ किए जा रही थी कि बेटा बड़ा अफसर है लाखों कमाता है वगैरह-वगैरह लेकिन राधा चुप थी। तभी पिंकी और शारदा के बेटे शूट-बूट पहनकर अपनी माँ को हाय बोलते हुए सोशाइटी कम्पाउंड से बाजार के लिए निकल गए... लेकिन वहीं राधा के बेटे राजू ने देखा कि उसकी माँ पानी का घड़ा अपने सिर पर रखकर पसीने से लथपथ आ रही है उससे देखा नहीं गया और उसने दौड़कर माँ से पानी का घड़ा ले लिया। राधा के बेटे के संस्कार देखकर सभी की आँखे चौंधिया गई। किताबी ज्ञान से बच्चे ज्ञानी हो सकते हैं लेकिन संस्कारवान नहीं...अतः माता-पिता को बच्चों में बचपन से ही संस्कार विकसित करने चाहिए क्योंकि संस्कार ही सबसे बड़ी पूँजी है।

नम्र बनो तो जग तेरा...

सिया और समीर दो भाई बहन थे। उनकी माँ दोनों को बहुत प्यार करती थी और वह एक अकेली माँ थी.. जिसने अपने दोनों बच्चों को अपने बल पर पढ़ाने, लिखाने का ज़िम्मा उठाया था। उनका बाप तो जाने कब छोड़कर जा चुका था। जल्दी उम्र में शादी हो जाने की वजह से सिया.. समीर अब बड़े हो चुके थे। बचपन से ही माँ ने बच्चों को अच्छा और संस्कारी बनाने का पूरा जतन किया, पीछे-पीछे लगी रही खुद भी मेहनत करती, काम पे जाती और बच्चों को भी अच्छा बनाने की पूरी कोशिश करती। कौन माँ नहीं चाहती कि उसके बच्चे अच्छे बने समाज में अच्छी पहचान हो? बच्चों की वजह से माँ का सर ऊँचा हो। सिया थोड़ी चिड़चिड़ी तुनकमिजाज थी लेकिन कोई भी काम होता तो दौड़कर कर देती लेकिन समीर अपने खेल तमाशों में किसी भी काम पर ध्यान नहीं देता। माँ जब भी समझाना चाहती तो समीर जवाब देकर निकल जाता।

धीरे-धीरे दोनों बड़े होने लगे। सिया भले ही थोड़ी चिडचिड़ी हो लेकिन सबसे प्यार से बात किया करती लेकिन समीर का आचरण किसी के साथ ज्यादा अच्छा नहीं रहता। माँ अपने बच्चों की चिंता में दिन रात परेशान रहती। सिया स्कूल में भी सभी शिक्षकों की चहेती बन जाती मगर छोटा भाई समीर कक्षा के बच्चों के साथ झगड़े फसाद में लगा रहता। अक्सर स्कूल में फटकारा भी जाता, उसे टीचर की आधी बात भी नहीं बर्दाश्त होती। माँ उसे समझाया करती बेटा "कटुता आए तो उसे सह लो, अच्छे वचन कटु भी लगे तो उसे मान लो"। अच्छे कार्यों में कष्ट भी हो तो उसे कर लो"। पर समीर अपनी बहस में लग जाता और खुद को सही बताता। सिया नेक बच्ची थी। किसी को कष्ट नहीं देती, वह बाहर किसी से लड़ाई झगड़ा नहीं करती थी। हमेशा अपनी मां की बताई बातें याद रखती। "सबसे अच्छा व्यवहार करोगे, सब तुम्हारा आदर करेंगे, जीवन में तुम्हे अच्छी सफलता मिलेगी, सदैव अच्छा आचरण रखो"।

सिया हर अच्छी बात को अपने अंदर उतार लेती। वहीं समीर "इस कान से सुनकर उस कान से निकाल देता"। वक़्त बीतता चला गया। अब सिया एक मशहूर डॉक्टर बन चुकी थी। वो अपने अच्छे व्यवहार और संस्कार के कारण बहुत फेमस होती जा रही थी। क्योंकि अच्छा कार्य और अच्छा व्यवहार हमें सर्वप्रिय बनाता है। वह किसी से बात करती 'नम्रता पूर्वक करती किसी से मिलती नम्रता से मिलती यही उसकी सबसे बड़ी खूबी थी'। इसके विपरीत समीर एक साधारण सा इधर-उधर घूमने वाला लड़का इसके बहुत अधिक मित्र भी थे। पर जरूरत पड़ने पर कोई काम ना आने वाले थे। अब वह बहन सिया और उसके व्यक्तिगत सोच के बारे में सोच कर बहुत

पछताता था। उसकी आंखें खुल चुकी थी। वक़्त तो गुज़र चुका था, ना ही उसने पढ़ाई ठीक से की ना ही कोई काम अब उसे पैसे की जरूरत होती तो कभी बहन कभी माँ के आगे हाथ फैलाता था। अपने वक़्त को बर्बाद करने का आज यह अंजाम था, कि उसकी जरूरत पर कोई साथी, दोस्त नहीं था। माँ भी उससे दुखी रहती और कम बात चीत करती, अगर सही वक़्त पर धैर्य, सहनशीलता, और नम्रता, सादगी, लगन, परिश्रम जैसे गुणों को अपनाया होता तो आज उसका जीवन भी सिया जैसा खुशहाल होता।

प्यारे बच्चों जिंदगी तो सभी जीते हैं लेकिन सर उठाकर जीने की बात ही कुछ और होती है। बीता हुआ वक्त कभी लौट के नहीं आता जब आपको मेहनत से पढ़ना है... आपके पास वक़्त है, तो आप उसे गवां देते हैं, और अपने अंदर अच्छे गुणों को नहीं अपनाते बाद में सिर्फ बचता है, पछतावा। समीर की आंखें खुल चुकी थी। लेकिन अब बहुत सारा क़ीमती वक्त बीत चुका था। अब वह काफ़ी बड़ा हो चुका था। अब पीछे की पढ़ाई वह दुबारा नहीं कर सकता था लेकिन उसने अपने आप को बदलने का फैसला लिया और अपने बुरे दोस्तों से दूरी बनाई साथ में घर परिवार के साथ समय दिया और धीरे-धीरे उसकी जिंदगी में कुछ परिवर्तन आने लगा लेकिन आज भी वह उस मुक़ाम पर नहीं था, जहां उसकी बहन सिया पहुंच चुकी थी।

“आपका कल आपके आज के कार्यों पर ही निर्भर करता हैं”।

ललक

गुजरात राज्य के सूरत शहर का एक छोटा सा गाँव था किशुनपुर। उस गाँव में बहुत गरीबी थी....लोग पास में लगी एक कपड़ें की मिल में मेहनत मजदूरी कर किसी तरह अपना गुजारा करते थे। उस गाँव में शिक्षा का स्तर भी लगभग शून्य ही था। वहाँ कोई कभी स्कूल नहीं जाता था..... अगर कोई पास के सरकारी स्कूल में पढ़ने जाने की कोशिश भी करे तो लोग उसका मजाक उड़ाते थे...मजबूरन वो भी नहीं पढ़ पाता था। दिन में घर के बड़े मिल में काम करने चले जाते थे और बच्चे घर में रहकर घर की और अपने छोटे भाई बहनों की देखभाल करते।

किशुनपुर में धनीराम ही सबसे पढ़ा लिखा था जो पाँचवीं पास था.... बमुश्किल टूटा-फूटा पढ़ना और हस्ताक्षर करना जानता था। धनीराम आगे पढ़ना चाहता था लेकिन गरीबी और घर के माहौल की वजह से नहीं पढ़ पाया लेकिन उसने मन ही मन ठान लिया था कि वह भले ही ज्यादा नहीं पढ़ पाया हो....लेकिन अपने बच्चों को पढ़ा-लिखा कर अच्छा नागरिक बनाएगा। धनीराम के दो बच्चे विमल और सोनम थे लेकिन पैसों की तंगी की वजह से वह परेशान रहता था कि बच्चों को कांवेंट स्कूल में कैसे पढ़ाए? धनीराम की पत्नी ने अपने पति को परेशान देखकर पूछा.... अजी क्यूं परेशान हो? चेहरा लटका हुआ है! अरे नहीं री कमला कोई बात नहीं है बस बच्चों की पढ़ाई के बारे में चिंतित था....। धनीराम की पत्नी ने कहा.....परेशान क्यों हो रहे हो.... हमारे पास उतना नहीं है तो क्या हुआ.....आप बगल के सरकारी स्कूल में तबतक बच्चों का दाखिला करवा दीजिए कुछ तो पढ़ेंगे..... सुना है कि वहाँ की मैडम जी बहुत पढ़ी लिखी हैं....अच्छे काम के लिए राष्ट्रपति जी ने उन्हें इनाम दिया है। बहुत अच्छा पढ़ाती हैं बच्चों को गतिविधि खेलकूद संस्कार सब चीजें सिखाती हैं। अच्छा कमला....तुम सच कह रही हो....यहीं लिखवा देते हैं तबतक।

धनीराम अगले दिन विमल और सोनम को लेकर पास के सरकारी स्कूल में दाखिला कराने गया। स्कूल काफी अच्छा साफ सुथरा, अच्छा पुस्तकालय पढ़ने के सभी संसाधनों से परिपूर्ण था... धनीराम यह सब देखकर मन ही मन खुश हुआ....और उसकी आँखों में इक आशा की किरण थी। स्कूल की प्रिंसिपल समीरा मैडम ने दोनों बच्चों के सर को प्यार से सहलाया और धनीराम को आश्वस्त किया कि आप परेशान न हों....ईश्वर ने चाहा तो आपके बच्चे आपका नाम रोशन करेंगे.....आप सिर्फ़ बच्चों को प्रतिदिन समय से स्कूल भेजिए। धनीराम ने मैडम को नमस्कार किया और घर वापस आ गया। धनीराम अब भी थोड़ा चिंतित था..... उसकी पत्नी ने

पूछा अब क्या हुआ जी? धनीराम बोला.... कमला कल से बच्चे स्कूल जाएंगे तो घर का ध्यान कौन रखेगा.... कहीं चोरी न हो जाए...इस बात की बात की चिंता है। कमला बोली... अरे आप परेशान न हों खाना खा लीजिए तबतक कुछ सोंचा जाएगा.....। धनीराम, बच्चों और पत्नी ने खाना खाया तब तक उसके मन में एक विचार आया कि क्यों न सिर्फ़ मैं ही काम पर जाऊं कमला घर में रहकर घर की देखभाल करे....और बच्चों को भी समय पर स्कूल छोड़ आया करेगी। उसने कमला से कहा कि ऐसा है आज से सिर्फ़ मैं ही काम पर जाऊंगा.... थोड़ा ओवर टाइम कर लूंगा... साथ ही हम अपने खर्चों में कुछ कटौती कर लेंगे तो घर का खर्च अच्छे से चल जाएगा..... तुम यहाँ रहोगी तो बच्चों की देखभाल कर लोगी साथ ही वो समय से स्कूल भी जा पाएंगे। कमला ने कहा.....जैसा आपको ठीक लगे।

विमल और सोनम अगले दिन सुबह समय से स्कूल पहुंचे...प्रार्थना सभा के बाद अपनी कक्षा में जाकर बैठ गए। समीरा मैडम कक्षा में बच्चों को पढ़ा रही थी.... उन्होंने विमल और सोनम को अपने पास बुलाया और उनसे कुछ बातें कि....कुछ सवाल पूछें। मैडम को अपने अनुभव से पता चल गया था कि बच्चे होशियार हैं... यदि सही मार्गदर्शन मिले तो ये बहुत आगे तक जाएंगे। विमल और सोनम रोज स्कूल आते कभी अनुपस्थित नहीं होते। समीरा मैडम स्कूल में कोर्स पढ़ाने के साथ साथ महापुरुषों जैसे अब्दुल कलाम, अब्राहम लिंकन, विवेकानंद की प्रेरणादायक कहानियां सुनाती कि कैसे गरीबी से लड़ते हुए इन महापुरुषों ने सफलता अर्जित की। समीरा मैडम समय समय पर विद्यालय में बच्चों के बीच प्रतियोगिताएं कराती जिसमें विमल और सोनम अव्वल रहते थे। समीरा मैडम के मार्गदर्शन से पढ़ाई के साथ साथ दोनों बच्चे खेल-कूद व अन्य गतिविधियों में पारंगत हो चुके थे। अब दोनों स्कूल की पढ़ाई पूरा करने के बाद आगे पढ़ने के लिए शहर के सरकारी यूनिवर्सिटी में जा रहे थे। वे दोनों समीरा मैडम और अपने माता-पिता का आशीर्वाद लेकर आगे की पढ़ाई करने शहर आ गए।

धनीराम अब मिल में दुगुनी मेहनत करके एक-एक पैसा जोड़ने लगा जिससे उसके बच्चों की पढ़ाई में कोई बाधा न आने पाए। दोनों बच्चे भी बहुत मेहनती थे..वे अपने पिता के सपने को पूरा करने के लिए खूब मेहनत से पढ़ाई करते थे...देखते ही देखते दिन बीतते गए। विमल व सोनम डिग्री पूरा करने के बाद नौकरी की तलाश में सरकारी नौकरी के फार्म भरने लगे.....परीक्षाएं देने लगे....धनीराम की ललक, परिश्रम और दृढ़ इच्छाशक्ति सुनहरे भविष्य की नींव गढ़ने को तैयार थी.....विमल ने इंकमटैक्स आफिसर और सोनम ने डिप्टी कलेक्टर की परीक्षा पास कर ली दोनों अच्छे पदों पर नौकरी प्राप्त कर....अपने गाँव किशुनपुर अपने माता-पिता से मिलने

आए....धनीराम और कमला की खुशी का ठिकाना नहीं था... दोनों की आँखों में खुशी के आँसू थे.....दोनों बच्चे अपने माँ-बाप से लिपटे थे.....गाँव वाले....आसपास के लोग जमा हो गये.... सभी ने धनीराम को गोद में उठाकर फूल मालाओं से उसका अभिनंदन किया। सभी ने कहा धनीराम यह सब तुम्हारी ललक और दृढ़ इच्छाशक्ति का परिणाम है।

कहते हैं न.....'सफलता हमें यूँ ही नहीं मिल जाती.....यदि सफलता पानी है तो मेहनत की हर हद से गुजरना पड़ता है.... धूप में लहूं को पसीने के साथ बहाना पड़ता है तब जाकर कहीं सफलता मिलती है'। इसलिए कितनी भी कठिन परिस्थिति क्यों न हो यदि ठान लिया जाए और सच्ची लगन के साथ मेहनत की जाए तो सफलता निश्चित मिलती है।

पंचामृत

बसंत पंचमी का दिन था। चारों ओर भक्तिमय माहौल... माँ वाग्देवी का स्वर संगीत सुनने को मिल रहा था। इसी बीच रमाकांत गुरुजी ने योजना बनाई क्यों न विद्यालय में सरस्वती पूजन कराया जाए..स्टाफ में सुहानी मैडम को छोड़ सभी ने रमाकांत गुरुजी के प्रस्ताव पर सहमति दी...सबकी सहमति देख अनमने ढंग से ही सही सुहानी मैडम भी तैयार हो गई...बच्चों ने भी उत्साह में सहमति जताई...। तो फिर क्या.... सभी आनन-फानन में निकल पड़े सामाग्री जुटाने।

रमाकांत गुरुजी ने पूजा अर्चना के लिए गाँव के ही आचार्य वेदप्रकाश जी को आमंत्रित किया। शिवम गुरुजी ने झट से अपनी बाइक उठाई पूजा पाठ की सामग्री ले आए। सरला बहन जी को प्रसाद की जिम्मेदारी मिली...वह हड़बड़ी में दौड़ते हुए गई अपने घर से जो बन पड़ा प्रसाद का सामान ले आई...। स्कूल के बच्चे आयुषी, शिवानी, उन्नति और रमा ने विद्यालय को मनमोहक अंदाज में झटपट सजा डाला। कक्षा-5 के दीपक और सुरेश... आम व केले के पत्ते तथा हवन हेतु आम की लकड़ियां ले आए.....उधर से कक्षा-3 की फरहीन और सलोनी मुस्कुराते हुए फूलों की टोकरी लेकर आ रही थी। अभी बमुश्किल योजना बने हुए एक घंटा ही बीता कि लगभग सभी व्यवस्थाएं पूरी हो चुकी थी। विद्यालय के रसोईघर में हलवा-पूरी बनने लगी। बच्चों का उत्साह देखने लायक था....गाँव के लोग भी जुटने लगे।

आचार्य जी भी आ गए....रमाकांत गुरुजी जजमान की भूमिका में बैठे हुए थे। पूजा शुरू हो गई...आचार्य जी के मंत्रोच्चार से पूरा विद्यालय परिसर ऊर्जावान वातावरण में बदल गया। आचार्य जी ने पूजा विधि आरंभ कर दी.... भगवान के स्नान कराने का समय आया तो... आचार्य जी ने "पंचामृत" की पुकार की..अरे जी "पंचामृत" कहाँ है? लाओ...सभी सामग्रियों के मध्य.."पंचामृत" नदारद था। हिन्दू वैदिक अनुष्ठानों में "पंचामृत" का विशेष महत्व होता है... बिना इसके कोई अनुष्ठान संपन्न नहीं होता है। रमाकांत गुरुजी ने सवालिया निगाहों से सरला बहन जी को ओर देखा...वह नि:शब्द थी....और पश्चाताप भरी नजरों से देख रही थी... शायद वो सोंच रही थी कि मेरी वजह से पूजा में रुकावट आ रही है। सरला बहन जी वैसे तो बहुत टैलेंटेड हैं लेकिन अक्सर हड़बड़ी और काफी जल्दबाजी में रहती हैं जिसकी वजह से कुछ न कुछ भूल जाती हैं.... कभी कभी उन्हें प्रिंसिपल साहब से डाट भी पड़ती है।

वहीं दूसरी ओर खड़े गाँव के चंद्रकांत मिश्रा जी ने स्थिति को भाँप लिया.... उनका घर

विद्यालय के पड़ोस में ही था। वह जल्दी से जाकर अपने घर से.."पंचामृत" बनाकर(गाय का दूध, दही, शहद, घृत और शक्कर का मिश्रण) ले आए...उसमें 2–4 तुलसी दल डाल दिए.... मिश्रा जी के हाथों में "पंचामृत" से भरा हुआ पात्र देखकर बच्चे जोर से बोले.... लो....आ गया...."पंचामृत"। रमाकांत गुरुजी ने राहत की साँस ली....उससे भी कहीं अधिक सरला बहन जी ने। सरला बहन जी ने मन ही मन संकल्प लिया कि आज के बाद 'वह कोई कार्य हड़बड़ी और जल्दबाजी में नहीं करेंगी... क्योंकि कहावत है कि जल्दी का काम शैतान का' अर्थात जल्दबाजी में किया गया कार्य सदैव नुकसानदेह साबित होता है। हवन प्रारंभ हुआ...सभी ने आहूतियाँ डाली..हवन सम्पन्न होने के बाद आरती प्रारंभ हुई....शंख, घंटे, हारमोनियम, ड्रम बज रहे थे। बच्चों के साथ साथ शिक्षक और ग्रामीण उत्साह और भक्तिमय माहौल से लबरेज थे....। विद्यालय में यह पहला अवसर था जो इतने बड़े कार्यक्रम का आयोजन इतने कम समय में किया गया हो। पूजा संपन्न हुई प्रसाद वितरण किया गया। सभी ने प्रसाद ग्रहण किया....और रसोईया बिट्टन चाची की बनाई हुई लजीज़ हलवा–पूरी खाई। बच्चे बहुत खुश थे...मानों खुशी की कोई परिसीमा न हों। सभी ने जयकारे लगाए और अपने घर चले गए।

आम की महिमा

दादी माँ अपने पोते चिंटू को रोज रोचक ज्ञानवर्धक कहानियां सुनाती थी। चिंटू बड़े मजे से दादी के पास बैठकर कहानियां सुनता और उनसे काफी कुछ सीख लेता था। आज चिंटू स्कूल से घर आता है और अपना बैग रखा...हाथ मुँह धोकर खाना खाते ही सीधा दादी के पास जा पहुंचा....और बोला...

चिंटू- दादी दादी सुनों न.....अरे सुनों तो...

दादी- अरे चिंटुआ...क्या हुआ....आज इतनी जल्दी दादी की याद कैसे आ गई...?

चिंटू- दादी कोई कहानी सुनाओ न..!

दादी- अच्छा बेटा चिंटू...ठीक है...

चिंटू- हाँ दादी...जल्दी सुनाओ....

दादी- अरे जरा ठहर.... आज मैं तुझे बहुत ही मजेदार कहानी "आम की महिमा" सुनाऊंगी...।

चिंटू- अरे वाह दादी....

दादी- हाँ तुझे पता है आम ही फलों का राजा है चिंटू बेटा...

चिंटू- दादी...ओ दादी आप यह बताओ आम को ही फलों का राजा क्यों कहते हैं? जबकि सेब, अनार आम से भी मंहगा होता है।

दादी- बेटा जैसे जंगल में हाथी सबसे बड़ा होता और शेर उससे छोटा लेकिन जंगल का राजा...'शेर' ही होता है न...

चिंटू- हाँ दादी ये तो आप सही कह रही हैं लेकिन आम ही फलों का राजा क्यों है...

दादी- चिंटू राजा बनने के लिए बड़ा शरीर यह मंहगे दाम होना जरूरी नहीं होता है बल्कि अच्छे और श्रेष्ठ गुणों का होना आवश्यक है।

चिंटू- अच्छा दादी...

दादी- हाँ बेटा आम को फलों का राजा इसलिए कहा जाता है कि उसमें अच्छे और श्रेष्ठ गुण होते हैं। आम में विटामिन ए, सी, और डी, आयरन जैसे कई सूक्ष्म पोषक तत्व भरपूर मात्रा में होते हैं ये तत्व हमारे स्वास्थ्य के लिए फ़ायदेमंद होते हैं।

चिंटू- अच्छा दादी...ये तो काफी अच्छी जानकारी दी आपने...

दादी- हाँ बेटा चिंटू और आम ऐसा फल है जो सभी को पसंद आता है। आम जितना स्वादिष्ट

होता है, उतना ही सेहत के लिए फायदेमंद होता है। आम से तमाम तरह के अचार, चटनी, दवाइयां, सब्जी और अनेकों व्यंजन बनाए जाते हैं... इसलिए इसे फलों का राजा कहते हैं।

चिंटू- अच्छा दादी...आज तो आपने काफी अच्छी कहानी सुनाई। मैं अपने सभी दोस्तों को आम की कहानी सुनाऊंगा।

"जो खाए मीठे रसीले आम, उसके पूरे हों सब काम"

बोलो....आम की जय....(चिंटू और दादी हँसने लगे...हा..हा..हा)

राजू का निराला दोस्त

गोविंदपुर गाँव मा राजू नाम का एक लरिका रहत रहै। वह बचपनै से बहुतै समझदार अऊर मेहनती रहा। राजू गाँव के ही सरकारी स्कूल मइहाँ कक्षा-4 मा पढ़त रहै। एकदिन स्कूल मा राजू के गुरुजी हमारा परिवेश विषय पढ़ावत रहैं, जेहिमा उई बच्चा लोगन से कहत रहैं कि बरसात का मौसम चलि रहा है...सबका पौधा लगावैक चाही। एक पेड़ काटौ तो दस पौधा लगाओ। पेड़-पौधन से ही हमका लोगन का फल-फूल, छाया अऊर साँस लिए खातिर आक्सीजन मिलत है। कक्षा के बहुत से बच्चा गुरुजी की बातन का ध्यान से नहीं सुनत रहैं.. लेकिन राजू गुरुजी की एक-एक बात का ध्यान से सुनत रहा।

कुछ दिन बाद गाँव के बगल मइहाँ दशहरा का मेला लगा रहै। राजू की अम्मा राजू का 20 रुपिया मेला देखै के लिए दिहिन अऊर कहिन जाओ मेला देखि आओ। राजू अपने दोस्तों के साथ मेला देखै गवा। सारे बच्चा मेला से मिठाई अऊर खेलाऊना खरीदिन लेकिन राजू कइहाँ गुरुजी की बात याद आ गई! राजू पास के जीवन काका की नर्सरी से एक बेल का पौधा लै लिहिस। राजू के दोस्त रास्ते मइहाँ चिढ़ावत रहैं कि देखौ ई पगला गए हैं...! जो पौधा लै आए हैं। हमलोग तो बढ़िया-बढ़िया खेलाऊना लाएन और मिठाई खाएन हैं। राजू सबकी बातन का अनसुना करिकै चुपचाप अपने घर आए गवा।

राजू के दादा जी देखिन... की सब बच्चा खेलाऊना अऊर मिठाई लीन्हें हैं जबकि राजू के हाथ मइहाँ पौधा है! दादा जी राजू से पूछिन बच्चा ई पौधा काहे लाए हौ? तौ राजू गुरुजी की बताई सारी बात दादा जी का बताइस। दादा जी राजू कै सोंच और समझदारी से बहुत खुश होईगैं अऊर राजू केरि पीठ थपथपाइन। राजू दादा जी के साथ मा मिलिके घर के दुआरे एक कोने मा पौधा लगाए दिहिस। लगावै के बाद राजू पौधे का पानी दिहिस फिर खेलै-कूदै चला गवा। शाम होईगै रहै.....राजू के पिता जी जब घरै आएँ तो दादा जी कहिन......बिरजेश जानेव आज का भा? राजू के पिता जी पूछिन का भा बाबू जी? अरे तोहार लरिका राजू बहुतै सयाना अऊर समझदार होईगा है..... दादा जी सारी बात घर मा सबका बताइन.....सबै राजू केरि खूब प्रशंसा करिन।

राजू रोज स्कूल जात रहै....और खूब मन लगाएकै स्कूल माँ पढ़त रहै। स्कूल से वापस अउतैमान बस्ता रखिकै तुरंतै अपने बेल के पेड़े के पास जात रहै....वोहिका पानी दिये, निराई-गुड़ाई करै, खादि-पाँसि डारै और खूब देखभाल करत रहै। राजू रोज स्कूल से अउतैमान खुद खाए पिए बाद मइहा सबसे पहिले अपने बेल दोस्त के पास जात रहै......दोस्ती अइसी रहै कि

जइसै पिछले जनम के भाई-बहन हुवै.....एक दूसरे का गलै लगावैं..... तमाम बातैं करें..... खेलैं-कूदैं.....मजाल है केहू केरि की राजू के बेल दोस्त का कउनौ परेशान कर दिये। राजू का बेल अब पौधा से पेड़ बनिगवा। ओहिमा फल-फूल लागै-लागि रहैं। राजू अपने पेड़ के साथ खेलै अऊर बातें करत रहा। धूप मइहाँ पेड़ की छाया मा सुस्तात रहा अऊर बेल के ताजे रसीले फलन का स्वाद लियत रहै।

एक दिन स्कूल मा गुरुजी दोस्ती का पाठ पढ़ावत रहैं तब उई सब बच्चन से उनिके एक सबसे अच्छे अऊर सच्चे दोस्त के बारे मा पूछिन? तौ राजू तपाक से खड़ा होईगा अऊर अपने बेल दोस्त के बारे मइहाँ बताइस। गुरुजी एक पल के लिए अचरज मा पड़िगैं कि इतना छोटा बच्चा अऊर इतनी बड़ी सोंच..। सब तालियाँ बजाकर राजू की प्रशंसा करिन। उई बच्चा जो कबौ राजू का मजाक उड़ावत रहैं..राजू से माफी मांगिन। गुरुजी सब बच्चन से कहिन की तुम लोग भी राजू से प्रेरणा लइकै पौधा लगाओ क्योंकि पेड़-पौधा ही हमारे सच्चे दोस्त हैं। पेड़ हमेशा हमका कुछ न कुछ दियतै रहत हैं, बदले मा हमसे कुछौ नहीं माँगत हैं... बस उनिकै तनिक देखभाल करै का पड़त है।